大展好書　好書大展

品嘗好書　冠群可期

大展好書　好書大展
品嘗好書　冠群可期

·校園系列·

4

讀書記憶秘訣

多湖輝/著　沈清課/譯

大展出版社有限公司

前　言

你是否認為人類與生俱來就有聰明與愚笨之別，記憶力也有好壞之分，因而悲觀地放棄學習呢？但是我的結論是，記憶力的好壞不是與生俱來的，所以不用悲觀。

也許有人會對我的這種說法提出反駁：「明明能夠輕鬆記住的英文字，為何我老是記不住呢？這不就證明記憶有好壞之分嗎？」

然我卻不認為這能夠證明記憶力有好壞之分。現在，一些自嘆記憶力差的人，卻能夠輕易地說、寫外國人要花很多時間學習卻仍無法流利說、寫的國語。如果你相信自己的記憶力差，又如何能輕易地記住如此難懂的國語呢？

你可能是在不知不覺中以合理、科學的「記憶術」來熟習國語吧！只要了解這個方法，擁有這種技術，就不用悲嘆記憶力不足了。

以學習的記憶而言，我本身也曾擁有痛苦的經驗。中學時代的我，因記不住化學方程式與數學的公式，經常挨老師的罵。因此，我認為自己的記憶力差、頭腦笨，感到自暴自棄。

後來，我對於學習產生了自信，因為在中學五年級時我閱讀了一本參考書。那是一本化學的參考書，如果是一本普通的化學書，往往內容難解，但是這本書卻先說明基本的學習方法。「化學應以理解為主，只要好好地理解，再來記憶，那就容易學習了。」

這本書的前言確實是這麼寫著。閱讀此書後，我深受吸引。以往完全不了解意義，只能仰賴死背的分子或化學方程式，加入離子化傾向的說明後，就能夠了然於心了。這就如同閱讀推理小說一樣，在翻頁時，不知不覺地就從根本上改變對化學這門學問的想法。更有趣的是，以往覺得厭煩、無聊的化學學習，一旦熟練後，連其他科目的學習也變得輕鬆。

記憶具有基本的法則，只要充分了解這個基本法則，藉此記住事物，就能夠提昇學習的效率，根深蒂固地記在腦海中，永遠

不忘，如此成績必然能夠提昇。

我們並非完全了解記憶的結構。不論在生理學或心理學兩方面，今後仍有很多的部分有待闡明。但是，如果在實踐時有意納入記憶術，則學習的效率確實能夠提高二倍～三倍。等你親身體驗到記憶力不是與生俱來時，那麼你就「及格」了。

多湖輝

目錄

第二章　快攻記憶術

第三章　正確記憶術

第四章　大量記憶術

第五章　防止遺忘記憶術

第一章

輕鬆記憶術

1 只要保持「興趣」，即可提高記憶力

為記不住英文單字而傷透腦筋的人，卻能夠清楚地牢記麥克・傑克森或瑪丹娜的原文歌曲內容的人，想必大有人在。

人們對於自己關心或感興趣的事情，即使必需特意去記它，也會不辭辛苦地記憶。喜歡搭公車的小學生，能夠把經過的站牌一一背下來，相對地，每天利用它上班的上班族，卻只知道自己該在哪一站下車、或者下車的前一、兩站而已，這是由於他們對公車、站牌一點兒也不感興趣！

老年人記憶力之所以會減退，也可說是他們對人生失去興趣的緣故。

記憶，可說是以興趣為先決條件。我在美國留學時，原本對英語完全不感興趣的妻子，為了生活上的需要，不得不進入英語學校學習。由於蠻喜歡那所學校，漸漸地對英語也產生興趣，現在已經能說一口流利的英語了。

興趣的確是記憶的源泉。話雖如此說，但是一定有很多人認為「對討厭的科目產生興趣」是多麼困難的事！不過，對某事感到沒興趣、討厭、無趣，其原因有不少都是因為對它感到乏味。

遇到這種情況，以下有幾個方法供作參考：例如聽聽擅長該科目者的意見，或者和任教該科目的老師商量也可以。也許從談話中，可發現該科目的魅力，而引起興趣也說不定。

有人因為觀看電視的益智節目，而對歷史、數學等科目感到興趣，且沒有平常背書時的痛苦，甚至成為擅長的科目。所以，無論如何應試著找出能引起興趣的方法。

有了一點興趣之後，就好像吃飯時的「開胃」菜般，而驅使自己走進求知欲的領域。接著便突破興趣的關口，正符合「好者能精」這句格言，有如砂吸水般地吸收知識，記憶力因此大大地提高。

2 伴隨令人感動的記憶，難以忘記

你是否曾經有過這樣的經驗——以前看過的一部電影，它的劇情已經完全忘了，但其中的一幕卻記憶鮮明。以筆者來說，『史密斯先生到都市』這部美國電影就是很好的例子。雖然還記得史密斯先生當上國會議員一事，不過以史密斯這位青年為頭條新聞，而剛被印刷出來那一幕，令我有一股莫名的感動，至今記憶仍非常鮮明。

記憶作用與腦部的運作關係密不可分。人類的大腦中，有「舊腦」（舊皮質、老皮質）和「新腦」（新皮質）兩種，就發展學的觀點而言，先形成舊腦，主要負責睡眠等維持生命不可欠缺的機能，以及情感的作用，而新腦的任務是處理較理性的意識活動。因此，伴隨著內心的感動所得的記憶較不易遺忘的原因，是由於透過新腦到達舊腦，與本能的部分結合，而產生長期固著的現象，最後即使其他的記憶消失了，它仍然殘存在腦中。

不過，打從心裡感動的事情並不限於此，例如，特別的、罕有的經驗也會令人難以忘懷。幾件事情並列時，較特別的事項便會凸顯出來，而和其他的事項分離，心理學上稱此現象為「凝離效果」。感動即可製造凝離效果，而容易記憶。

有鑑於此，我們只要把將要記憶的事情「感動化」，便能達到輕鬆記憶的效果。作幾何問題時，用心去看看它美麗的圖形，想像著圖形正放射出色彩繽紛的亮光，邊作題目邊想像其美好的一面，在受其感動之餘，便可達到長期記憶的效果。

3 思想如何記憶的同時，即可加強記憶

本書將介紹各種記憶法，而在實行時則應依個人需要，選擇最適合自己的方法。也許有人會認為：記憶的同時還得考慮其記憶法，豈不增加負擔，而降低效率了嗎？

其實並非如此。

因為，面對非記住不可的事情時，在極力搜索適合的記憶法的過程中，對於記憶的內容

、特徵已詳細觀察過，因此，即使沒有找到適合的方法，該內容也已經在腦海中留下深刻的印象。

4 可用記事簿記載的事項，就不要去記它

模擬考試的時間、試場、與女朋友的約會、音樂會的日期等，都與讀書的內容沒有直接的關係，對於這些事情，不但不必刻意去記它，而且只要寫在便條紙、記事簿上就可以了。

人類在進行記憶的工作時，不僅腦細胞必需總動員，而且還得全神貫注，這就是為什麼唸書之後，不但頭腦，連全身都感到疲憊不堪，因此再記憶與讀書內容無關的事情，只會增加腦部疲倦感。

與讀書不相干的事情不妨記在記事簿上或便條紙，只要固定將它們記在習慣記載的地方，就不必去記住內容了，以便節省記憶空間，這樣精神才能夠完全集中在書本上。

現代的資訊十分發達，對考生而言，資訊猶如洪水般渲瀉而來，因此對於眼前的各種資訊，究竟何者有記憶的價值，何者沒有，考生是否能準確地判斷，就顯得格外重要！

如果你能夠對於沒有必要記住的資訊，以記事簿記載來代替，成功地從腦海中將它們排除的話，你的記憶即可達到最高的效果。因此，不妨準備一本記事簿吧！

5 把知識和已知的事情密切結合，是牢記的秘訣

「試述瑞典的形狀。南非共和國的形狀又如何。」當你被問到這類的題目時，恐怕一時也答不出來吧！不過，如果問到義大利的形狀，想必一定可以立刻想出來！因為義大利的國土很像長靴。

換句話說，就是把義大利的形狀這項新資訊，和長靴這項已知的舊資訊密切結合，即可保持確實、牢固的記憶。

記憶，並非零碎存在，它和建築相同，是得先打好地基，再往上堆高。人類從嬰兒時期，即以習得學習的「基礎資訊」為根基，然後和新吸收的資訊密切接合，就這樣漸漸增進記憶。心理學上稱此情形為「錨環」。

而事實上，錨環經常在我們無意識的情況下產生的。

該錨環點對於人類的感覺、頭腦到底有多重要呢？例如視覺上如果喪失錨環點，對於物體的看法就會變得十分不安定。基於此定理，心理學上有一項有名的實驗，稱為「自動運動」現象。

實驗非常簡單，首先準備一張黑色的紙，再挖一個小洞，然後覆蓋在手電筒上，且固定

之，這樣就可看到極小的光點。其實驗過程是這樣的：讓眼睛先習慣黑暗之後，再看一下該光點，該光點雖然已被固定，但看起來卻覺得搖晃不定。這是由於該光點在黑暗中，與其他的關係不明確，因此人類的感覺上，並無法確定它的位置。

記憶也是同樣的道理，和已知的知識結合的話，即可藉著該錨環點，在記憶中輕鬆地固定新知識。

6 在心裡反覆敍述，可使記憶更清楚

記得筆者在高中時，對於怎麼樣也解答不出、甚至看過解答仍然不懂的數學問題，常常自言自語、嘮嘮叨叨地說著它的解法，有時還不知不覺間走出書房，在走廊下、客廳裡，自言自語地說個不停。

家人看到這種情形耽心不已，以為「用腦過度，讀壞頭腦！」其實筆者藉著該方法，弄懂了不少困難的理論呢！因此，該讀書方法，筆者到現在仍記憶猶新。

語言可分為兩類，由意識中發展而出的稱為「內言」，從嘴巴發出聲音的稱為「外言」。以人類精神的發展過程來看，仍依賴「外言」的話，則尚屬幼稚階段。從幼兒喜歡邊遊戲邊自言自語的情況，即可推論得知。幼兒會把腦中思考的事情立刻從嘴巴說出來，藉著由耳

「輕鬆記憶術」①

越勉強記就越不易記住。

背誦是極適於五分鐘「心情轉換時間」的作業。

擁擠的車內是不必努力就能集中的絕佳記憶場所。

不必努力就能記住的

記憶時閉上眼睛就能輕鬆記住。

寫在備忘錄上的不必一一記住，
就能真正記住必要的東西。

朵的聽覺來刺激腦部的思考。瑞士的心理學家——皮亞傑稱此階段為自我中心語言。幼兒的生活完全以自己為中心。

不過隨著幼兒的成長，外言化的語言便會漸漸轉變成「內言化」，考慮事情不會再像以前自言自語說個不停，這是由於語言已發展到能夠在腦中自由驅使，而向外擴展到精神世界。話雖如此，但是在記憶時再度回到「外言」期間，有時反而可以發揮極大的效果。的確，「內言」作用是在意識的領域中轉來轉去，往往反而會妨礙對知識、問題的理解，因為問題只在腦中盤旋而沒有牽涉到心的層面。一旦轉換成「外言化」的作用時，思考的流程便會改變，且與心理的層面聯結，因此有利於記憶的活動。

背英文單字、國文課文時，「外言」的「出聲」方式，其效果確實高於「內言」的方式，因為聲音的刺激而強化了記憶。不過，在搭公車等公共場所就不能隨心所欲地「出聲」，這時候不妨在心裡默讀，有意識地逐字反覆記憶，仍可達到同樣的效果。要言之，流暢的、輕鬆的思考活動，再配合與心理層面的聯結，即是提高記憶力的訣竅之一。

7 閉上眼睛默記，可以強化記憶

與直覺力、閃光有密切關係的 α 波（腦波之一種），在閉上眼睛時比較容易出現，而且閉上眼睛的狀態又可提高記憶力。

藉由閉上眼睛的動作，阻隔外界對視覺的各種刺激，因此，意識便向內部發展，這麼一來，便可讓思緒自由馳騁在自我想像的空間裡，自由塑造影像的過程，即具有強化、穩固記憶力的作用。

而且閉上眼睛時，在黑暗之中，當作有面屏風立在那兒，然後對著屏風想像寫出記得的單字的拼法，若是回憶人名的話，不妨將該人的形象也刻劃在屏風上，經過這一番加深印象後，可使影像法更具效果。

記憶力特別好的人，他們在記憶、背誦時，似乎很喜歡閉上眼睛，口中唸唸有詞或者好像在瞑想，其實這並不是他們故作姿態，而是強化記憶的手段。所以不管在試場或平常背誦時，只要閉上眼睛回憶，往往可使記憶更加鮮明。

而且，閉上眼睛也較容易集中精神，光是這樣就可以增進記憶的效果。

8 在擁擠的火車、公車上，是背誦的絕佳場所

筆者高中時代幾乎都是在擁擠的火車上背熟英文單字。也許有人會認為：「在人擠人的火車上，什麼也背不起來」，其實，實際情形剛好相反。

人們常說「人群中的孤寂」、「鬧中取靜」，也就是說，身處在陌生的團體中，比獨自一個人時還要感到孤獨。周遭的人不但和自己沒有關係，而且所說的話也盡是和自己不相干的事，處在這種『獨自一人的場所』，人們所關心的當然是切身的事囉！

這種情況與到外國旅行，而且完全不知道該國語言差不多，在異國既然人生地不熟，所想的當然是祖國的種種，換句話說也就是切身的各種問題。

總之，在擁擠的火車、公車上所感受到的孤獨感，反而是唸書絕佳機會，尤其英語單字、歷史年代的背誦，都需集中注意力，因此應好好利用不會使自己分心的場所，而且和看小說不同，不需要一頁接一頁地翻，所以並不會引起不便。

另外，在車上背誦時，還可以以每個站牌為一個階段目標，隨著車子的行駛，由於愈來愈接近總目標，所以更會督促自己集中精神、努力背誦。

9 休息是為了走更遠的路

想必每個人都知道記憶是有高低起伏的。曾經聽過有位考生的讀書情形，讓筆者印象非常深刻。這位考生家住鐵路旁，離鐵軌約一〇〇公尺的距離，而且從他的書房窗口往外看，鐵軌可看得一清二楚。還好該路線屬於地方性的交通，一小時只發一班列車而已。

他的讀書方法是以列車通過為起點的信號，而且當記憶變得遲緩時，剛好是下班列車將通過的時刻，這時則停止記憶、背誦。也就是說，在每班車進站到出發的時間，就是停止記憶的時候。這時他便整理一下先前讀過的部分，作筆記或畫重點，就是不再記憶，該項「準備工作」，使他在下列火車通過之後，記憶的意願達到最高點。對這位考生而言，一小時一班火車，讓他知道自己頭腦的週期，而達到充分利用的效果。

其實每個人都和這位考生相同，有背得非常順暢的時候，也有提不起勁來記任何東西的情形，記憶的意願低落時，千萬別強迫自己勉強去背它，否則一點效率也沒有。

趁著唸不下的時候，反而可以進行下一次衝刺的準備，不妨研究一下記憶的方法、製造讀書環境等。

一旦又到達記憶的「高峰」時，就可以馬上進入情況，以收到事半功倍之效。

10 背誦時，書桌上不要放置多餘的東西

讀書讀累時，看一會兒漫畫書，再回到書本上，往往可達到振作精神的效果，相信這種方法大家都試過。而且有的人就直接把漫畫書擱在書桌的一旁，其實，這樣會阻礙到背誦的進行。

以喜愛的小說、雜誌、漫畫等作為轉換心情的方法，並沒有什麼不好，而問題是出在把它們擱在書桌的一旁，不知不覺間便會想伸手去拿來看，因此老是覺得背不起來、無法集中注意力，而阻礙記憶。

有鑑於此，在背誦之前，應該先把書桌整理乾淨，不要放置和記憶內容不相干的東西，唯有這樣才能使自己更專心於功課上。

另外，視線範圍之內的海報、收錄音機、玩偶等，也都是分散注意力的原因。因此儘可能把書房中「用功唸書」的一角和「喘氣休息」的一角分開來。讀書和休息的地方畫分清楚之後，自然就會清楚意識到什麼時候、什麼場合，該作什麼事。

11 雜音、噪音反而可以成為記憶的線索

想必每個人都有過這樣的經驗：錄自己的聲音之後，再播放來聽時，可聽到錄音時沒有注意到的各種聲音，例如，汽車發動引擎的聲音；狗的叫聲；小孩的吵鬧聲等，到底這些聲音什麼時候進入錄音機裡，直讓人覺得非常不可思議。

錄音時，之所以沒有聽到這些雜音，是因為它們形成意識的背景，心理學上稱之為「地」；相對地，錄音時的主題，即是意識表面的表現，心理學上稱之為「圖」。而「地」與「圖」

可說是一套的，它們密不可分。

記憶時，頭腦中也有「地」與「圖」之結構。周遭的各種雜音，即使當時沒有意識到，不過有如電腦般精密的頭腦，在記憶的同時，應該也輸入這些雜音。在剛聽到狗叫的時候，執行輸出，大腦之所以會想起某些東西，是雜音、噪音形成記憶的「地」的緣故。

如果能夠善加利用該機械裝置，以這些聲音為開端的話，應該可以使記憶再生才對！實際上，有位考生在背誦時就使用該方法。他在單字簿的右邊一定留空白處。背誦時，窗外如果剛好有車子吱吱嘎嘎的聲音，他立刻在正在背誦的單字旁的空白處註上「現在馬路上有吱嘎嘎的車子聲，讓我嚇了一跳」。

這些加註部分，往後即可成為喚起記憶的重要線索。

12 轉換另一種心境，可提高記憶效果

時間緊迫的時候，例如，在考前最後衝刺的階段，在這所剩不多的時間裡，如何能有效地利用是致勝的關鍵，但如果因此引起焦慮、不安，反而得不償失。

再也唸不下去了，還要勉強自己坐在書桌前，硬把東西往腦子裡塞，這樣當然是很難達到讀書的效果。

這時就有必要轉換一下心情，讓頭腦喘口氣。當然如果要考生放下書本到戶外去玩，恐怕也沒有時間。所以不妨試著改變一下讀書環境、氣氛。

例如，拿著單字卡到公園邊散步邊背；洗澡時順便把歷史的年代表帶入浴室，可以邊洗邊記等，都期待可達到轉換心境的效果。在不強迫自己的情況下記憶，有時反而可得到意想不到的好成績。

13 打哈欠、伸懶腰都可幫助記憶

日本人認為在他人面前打哈欠是非常不禮貌的行為，因為它代表對他人的話題感到厭倦的意思。不過，筆者在美國時參加學界人士的會議時，卻不時可看美國學者頻頻打哈欠的情形。

雖說各國的習慣不同，不過這麼做更有他的道理存在。不知道這是不是他們有意識的活動，不過，確實可知的是打哈欠、伸懶腰有醒腦的作用。

腦幹的網樣體部分是擔任頭腦昏沈、清醒的機能，而打哈欠、伸懶腰時，便可促成肌肉一時的緊張，因此給網樣體帶來適度的刺激，以活化頭腦的運作。所以會議時打哈欠、伸懶腰，也可說是勉勵自己振作精神、專心開會。動物一覺醒來之後，都會伸伸懶腰、打個大哈欠，也是同樣的道理。

因此，讀書時如果覺得記憶似乎愈來愈遲鈍、老是出狀況的話，不妨大膽地打哈欠、伸懶腰，反正在自己的書房裡又不必顧慮別人。

14 邊聽古典音樂邊記憶，可防止記憶力的分散

有的考生認為唸書都不聽音樂的話，實在太孤單、寂寞了。不過唸書時主要的目的是把知識深刻地留在腦海裡，因此就得注意音樂的選擇。茶藝館、咖啡屋經常放較熱門、搖滾的音樂，這種音樂就比較不適合讀書時聽。

但也並非所有的音樂都會影響讀書的情緒，有的音樂反而有助於記憶呢！因為記憶知識與記憶下個知識之間，應該要有瞬息的休息才對！如果這瞬間的空檔能喘口氣、聆聽一下古典音樂，都可以使注意力不致於分散，所以讀書時播放古典音樂並無大礙。

而且古典音樂變化少、曲調平坦，能完全配合讀書的氣氛，不僅沒有抑制記憶的作用，相反地，還可以集中注意力。

不過，如果播放歌曲的話，不知不覺間就會去注意歌詞的內容，而影響讀書的專心程度，因此儘量避免聽附有歌詞的歌曲。

15 唸不下去時，不要強迫自己坐在書桌前

有的考生明明腦子已不再接受任何訊息，但還是想硬塞進去，結果根本背不起來，因而導致心情低迷不振！

這時候最好的辦法是馬上起身離開書桌。但並不是要各位就此放棄書本。以前筆者唸書時遇到這種情況的話，一定馬上離開書桌，走出庭院觀觀花草樹木，雖然只花短暫的時間，就可以使心情完全轉變，疲憊的精神似乎也隨之一掃而空。

遇到這種情況，改變一下環境都有助於記憶的提昇。例如，出外搭搭火車、搭搭公車，位置坐定之後，再次拿出課本、單字卡背誦，往往就可以順利進行下去！

而且改變環境也是喚起記憶的好線索。考試時即使完全忘記記憶的內容，但只要想起在那兒背它的，往往就可以清楚地喚起記憶。因此，讀書偶爾改變一環境、使用的道具，都是擴大記憶容量的好方法。

16 記憶的內容要經常使用，才會紮實

補習班的數學老師在解題時，即使遇到再困難的問題，依然可以暢行無阻地解題，而令考生折服不已。其實說穿了，那只不過是記憶的再次使用，這麼說也許對補習班的數學老師有些不敬，不過由於他們每年都面對同樣範圍的問題，所以什麼問題該有什麼解法，他們早已是瞭若指掌，因此一遇到問題當然是駕輕就熟。

像以上所述，不斷使用記憶，是保持記憶清新的必要條件。記憶並不像錢包中的錢、或貯水槽中的水，用了就會減少。

相反地，它可以因為使用而重新檢查記憶的內容、補充記憶不全之處，使記憶能夠隨時派上用場。因此，記憶一定要常用，才能保持其確實、完整。

17 筆記精簡有助於整體的記憶

在大學授課時，從講台上看下去，常常有學生一字不漏地抄，甚至連課堂上講的笑話也照單全收。雖然說上課非常用功，但是像這類的學生對教材的內容似乎理解力較差，考試的

「輕鬆記憶術」②

越勉強記就越記不住。

利用隨身聽可毫不費力地在耳裡留下記憶。

聽古典音樂可防止意識擴散，使記憶集中。

不必努力就能記住的

像朗讀似地在心中默念幾次，就能順利地記住。

桌上不要堆放閒雜物品，是集中記憶的祕訣。

成績也往往不盡理想。

這些學生上課這麼用功，但成績為何會不理想呢?簡單來說，是由於他們把抄筆記當作上課的主要目的。其實筆記應該只是記憶、理解的輔助工具而已。

如果說筆記最好寫在哪兒，當然是記在腦子裡，指的就是，有所理解的記憶。筆記縱使記得再多，但卻沒有在腦中留下任何記憶，結果也是惘然。不過人類卻誤以為只要抄在筆記裡，自己的知識便可以隨之增加，因而沾沾自喜，其實，充其量只是筆記內容的增加而已。而且要詳細作筆記也是一件非常辛苦的事。

而費了這麼大的勁，卻沒有多大的收穫，與其這樣，倒不如把那些精力用在記憶、理解方面來得踏實多了。作筆記的最終目的是要掌握關鍵字，藉由關鍵字能喚起記憶，這便是最好的筆記。所以精簡的筆記，才有助於全體的記憶。

18 教他人可以強化記憶

筆者有位學弟在某企業擔任人事管理，他曾告訴筆者一句頗耐人尋味的話。他說前來應徵的求職人員中，筆試成績比較好的，大多是在學生時代曾經有家教的打工經驗。以筆者觀點來看，擔任家教的學生由於必需把習得的知識教他人，因此比其他人還熟悉，大概是這個理由吧！

說句較失禮的話，今天的大學生大都不愛唸書。大概是因為好不容易脫離考試的生活，所以上大學之後便拋開書本、開始大玩特玩。結果，到高中為止存積在腦中的知識愈來愈模糊。基於這點，大學時代如果有當家教的話，即使一星期只教兩次，在教的過程中，自然會刺激到自己過去存積的知識，而使它們變得靈活、生活化。這大概就是為什麼擔任過家教的大學生求職考試的成績會比其他大學生還好的原因吧！

對知識有全盤的了解，是傳授給他人的先決條件。而且「傳授」的行為和「反覆」具有相同的意義。因為遇到不懂就得重新理解、復習，才有可能教他人。因此藉著教他人可以重新整理腦中的知識、深入了解、加以復習，可說是達到一石三鳥的效果。

19 把數字轉換成文字有利於記憶

一九六八年春，在美國好萊塢舉行的魔術表演大會上，有位九十六歲的老人記憶力的絕活——由觀衆每五～十秒說出一個三位數，總共說出五十組，然後他可以依觀衆的要求，說出第幾組的數字是多少，而完全沒有錯誤。只要觀衆問：「第○○組是多少？」他即可立刻回答。

這位老人為何有如此驚人的記憶力呢！他把每個數字換成羅馬字來記憶，例如，五四六，五＝H、四＝R、六＝S，就像這樣換成羅馬字，而在HRS之間加入母音，就以Horse（馬）來代表這組數字。然後他再利用「關係語系統」來記住每組數字的先後順序。如果五四六是第三組的話，就以和three（三）發音相似的tree（樹）為「關係語」，然後和先前的horse結合，聯想成馬拖樹奔馳。三是樹、樹被馬拖、馬是HRS，因此衍生出五四六。

而該「關係語系統」，若能配合各國的特產、風俗習慣等用語來記憶，才能發揮其效果。

20 相似的漢字不妨以五七調短文的方式來記憶

若沒有牢記相似的漢字，在使用時往往會不知所措，「到底哪一個字才對？」常常有這樣的迷惑。

漢字極為複雜，即使字體只有些微的出入，但意義往往相差十萬八千里。因此就應該特別注意相似漢字的差異點，為了避免錯誤的發生，可以把相似的漢字以五七調、七五調的短文方式來記憶。

五七調、七五調是日本特有的語言結構，它非常適合日本人的快節奏，利用它來記憶類似的漢字，便不易忘記。

例如「巳」、「已」、「己」非常相似，為了不產生混淆，很早以前就有人把它們編成和歌——「巳接上面、自己的己接下面、已經的已到中間」，這樣記起來就容易多了。「識」、「職」、「織」、「幟」的話，則編成「言是識、耳是職、糸是織、巾就是幟」。以這種方式來記憶，就不易弄錯了，而且如果做得到的話，還可以把它編成歌詞，以歌曲創作的方式來記憶，那麼各種類似漢字的相異處，就完全逃不過你的眼睛。

21 可配合身體由上往下的部位，來記憶有先後順序的知識

唸歷史、地理等科目時，常常要依其先後順序來背，因此令不少考生背得兩眼昏花，其實在記憶這類的知識時，不妨和身體各部位產生聯結。例如，頭、額、眼、耳、鼻、口、下巴、頸、胸、肚臍、腳等，都可把要記憶的知識，一一與之配合，這麼一來，想到自己身體的各部位時，也會喚起與之聯結的知識。

例如，記憶日本政府各大臣的職稱時就可以這樣背：「全部的頭頭是總理大臣、額頭是理論的象徵為法務大臣、大耳垂表示有錢，為大藏大臣、大學者高鼻子，則是文部大臣。」

22 在公車裡背誦時，最好每到一段落就看一下窗外的景物

兩件事情發生的時間非常近時，我們的頭腦往往會將它們配成對，之後就能以配對的形式記住。這麼一來，只要發現「配成對的一方」，自然即可喚起另一方的記憶。這就是記憶術的原理之一——「對聯合」。

將此原理應用在周遭的各種事物，便可得到極佳的效果，以下將介紹其方法！

例如，在公車上，不管是坐著或站著背書，每背到一段落，最好看一下窗外的景物，這樣做的話，將記憶的內容就會瞬間與窗外的景物「配成對」，之後，想喚起記憶的內容時，窗外的景物就成最佳的線索。

例如，正在背生物科的食物鏈，往窗外一看，很幸運地剛好看到火鍋店的招牌，這一瞬間所看到的景象便和記憶的內容一起烙印在腦海中。

而且，背到一段落，雖然只是瞬間望一下窗外的景物，但這一瞬間已能夠使前後的記憶隔開，而不致產生混淆的現象。

23 社會等記憶性的科目，考前再背可節省時間

雖總括一句說記憶，其實它還可分為機械性的記憶與理論性的記憶。像化學的原子符號、英語單字就屬於機械性的記憶；而記憶化學、數學的解答方法，則屬於理論性的記憶，機械性的記憶是辦不到的！

而理論性的記憶與機械性的記憶，那一種比較容易忘記呢？由於理論性的記憶，在理解之前需要花一些時間，因此一旦記住了，便難以忘記。相反地，機械性的記憶，記得快，忘的也快。

為了確實保留機械性的記憶，就必需具備相當大的能量，為了使能量的消耗降到最低點，最好是在考前反覆記憶。也就是說，容易忘記的機械性的記憶，儘可能把它安排在考前背誦，到了考試當天，才能保持記憶的鮮明。

24 在與朋友的談話中確認知識，加深記憶

先前談及，在學歷史或讀傳記等片斷、抽象、容易模糊的知識時，要常常反覆地確認，

同樣地，也可在與朋友的談話中交換知識和情報。尚未根深蒂固的記憶或沒有自信的記憶，可藉此而生根、固定在你的腦細胞裡。

這是因為我們的記憶在獲得的那一剎那還是非常主觀的，就像自己才剛買的衣服，還未穿給人看，還未受到第三者的評價，不過是自以為好罷了！因此，是否真的適合自己，自己也會感到不安，連帶的就是記憶的不確定。

此外，最近學生的學習方式不論是獲得知識，或增進記憶的作業，都是非常孤獨的個人作業，所獲得的知識、記憶都很少有自己說出口或實際運用的傾向。

因此，好不容易取得的知識卻像溫室栽培植物的軟弱的苗，遇到有別的記憶時便立即枯萎，還未根深蒂固便死去了。

為了避免這種情形，不妨在與朋友的談話中，若無其事地交換最近才記住的知識。藉此，即使是含糊的記憶，或許就能成為有自信的確實知識了。找個朋友，輕鬆地練習一番。「喂，你知道ODA嗎？」「是政府開發援助吧！」「是啊！做得還不錯呢！」「當然！一九八九年之後，日本就是世界最大的援助國了。」「但是風評似乎不太好」等等，在學習間多多地運用。

即使學的是同樣的材料，各人的理解方式卻不同，你只是含糊記得的東西朋友卻知道得很詳細，或是情形相反。

藉著這樣的談話，就可以互相補足自己較弱的部分，而且原本以為自己已經知道的，一旦說出口時，就可能發現記憶尚未整理好。「記憶就是越用越變得確實」，配合這個大原則，與朋友交談一定可以幫助你記憶的固定。

25 絕對不可忘的事物可用錄音帶多聽幾次

音樂會使我們的腦中湧起各樣的想像。例如，聽到貝多芬的「田園交響曲」時，眼前就會浮現暴風雨畫破寂靜的情景，而聽到「月光奏鳴曲」時，也會得到月光的印象。像這樣，音樂能使我們產生視覺的印象，這是因為我們的聽覺與視覺結合，當一方受到刺激時就會影響到另一方。

這種視覺和聽覺的相互作用若運用在學習上，就更能提高效率了。人腦中記憶的痕跡藉著重複練習，就可變得確固，但不必每次都用同樣的方法。當你用視覺的學習想記住某件事時，可再用聽覺加深此記憶的痕跡，也就是說，異質的刺激能強化記憶的痕跡。而這種聽覺學習可利用錄音帶等，在上學、回家的路上反覆練習。

只要有一點時間就可加以活用，實在是記不住的事物，運用聽覺就必定會記住了。

第二章

快攻記憶術

26 與其全部默背，還不如加以「理解」

當我們說「忘了」某件事時，事實上多半是對這件事完全「不了解」；我們常以為自己的記憶力不好，但幾乎都是因為沒有正確地理解，所以才記不住。正確地理解能增進記憶力，這是不變的大原則。

例如，有位考生若無其事地說他忘了史東夫人的『湯姆叔叔的小屋』一書，是在南北戰爭前或後出版的。這根本不是「忘了」，而是一開始就沒有記住。這本小說是描寫輿論曾經喧騰一時，南北戰爭爆發原因之一的黑奴問題，若能理解這個「歷史潮流」，就可以預防「遺忘」了。否則，將南北戰爭與『湯姆叔叔的小屋』當做個別的知識，片斷地來記憶的話，就只會導致這種悲慘的結果。數學、物理的公式也是同樣的，像畢氏定理，若能自己證明的話，即使忘了定理也不會有任何困擾的。

理解能使記憶確固，關於這一點，心理學家莎拉・J・巴塞特曾對歷史系的學生做過實驗。結果證實充分理解歷史事實意義的學生，比起只是背誦事實，理解度低的學生記得更清楚。這正說明了理解後能記得長久。

在你自以為天生記憶力差，而想放棄前，請再檢驗一次是否真的理解了。努力加以理解看似繞遠路，事實上卻是創造記憶力的捷徑。

27 若不想記住，記憶力就永不會進步

我在大學教書時，最讓我感到困擾的，就是記學生的名字。一位上我一般課程的學生對我說：「老師，我就是上心理學時常坐在窗子旁邊的那個……」等，雖然給了我暗示，但我卻毫無印象而令對方失望。不過，若是研究生，我就能毫不費力地記住他們的名字。

這可能是因為我在上他們的課時，就會對自己說：「一定要記住」這種努力想記住的念頭吧！念頭就是心靈朝著某個方向的緊張狀態，在緊張感的驅使下就能促進記憶。

在美國曾經暢銷一時的『記憶術』的作者之一哈里・羅蘭，孩提時每當學校有考試就會胃痛，令他覺得「很奇怪」，因而激起他對記憶術的興趣。「緊張」產生「念頭」，連帶地便產生「記憶」。想記住不是漫然地記，而是在內心裡對自己說「一定要記住」地來記，這就是迅速記住的第一步。

28 以「退一步，進二步」來記，就能迅速、確實記住

不用說，要使記憶確固反覆是必要的，但反覆太過，浪費時間和能量的話，反而會延緩前進的腳步。那麼，有沒有能盡速前進，而且又能確實豐富記憶的方法呢？這是考生經常問我的問題。我的建議是用邊後退邊前進的「漸進反覆法」。

這個方法是先將要記住的東西分成三部分，第一部分讀完後立刻移到第二部分，而第二部分讀完後不要前進，回到最初的第一部分和第二部分，也就是重複一次，然後再前進到第三部分。當然，第三部分讀完後再全部溫習一次，以強化記憶。

這就是「漸進反覆法」的特徵。以這個方法來記憶的話，就可防止記憶隨著時間自然脫落的現象，而能「毫無後顧之憂」地前進了，此外，藉著完全的反覆，也可將已知的與稍後要面臨的困難部分相混合，這樣就可理解、記住全體的思想了。

29 不要想一次全部記住，最好分開來記

一些參考書寫著閱讀現代文或英文翻譯等長篇文章時，首先要分段落來看，由記憶的原理來看，這是相當合理的。掌握各段落的意義、內容，把握全體的主旨，比起散漫地瀏覽，更能有效率地抓住內容。畢竟，人一次能記憶的量有限，在此限度內分段來記憶，就不會對腦造成多餘的負擔，而能順利地記住了。

心理學家米勒實驗證明，人一次記憶的限度，以數字和單語而言，平均是七個左右，而將此七稱為「神奇的七」。米勒主張不論是3、9、2、5、4、2、1等七個一位數，或25、15、11、19、43、25、30等七個二位數，對記憶而言都是相同的，問題是只能有七個。當然，一位數是比二位數更容易記住的，但總之，米勒發現了一次記憶量的限度。

即使不能像米勒一樣恰好用七來畫分，像中國史、世界史的年號、英文單字、文言文等，與其一次記很多，還不如分成幾個段落，一段一段地來記，才能更有效地迅速記住。

此外，像地理等社會科的小項目，最好將各項目的要點整理過後再記，這樣才能把握全體的構造。

在學校或補習班上課時，與其拼命地記筆記，還不如將課程內容分段整理，這樣才容易記得。

關於這一點，美國海軍人事管理研究所曾針對一百八十位大學生，調查他們記筆記的方式與背誦的關係。受試者都用錄音帶聽同樣內容的講課，但A群聽課時大略地記筆記，B群則分段地將內容記下來，C群完全不記。事後測驗他們對課程內容的記憶時發現，A和C群分別記住了全體的三七％，B群則記住了五八％。這是因為分段記筆記和分段記憶較易掌握全體構造的邏輯所致。

你不妨也先從記筆記的方式檢討起吧！

30 與自己的興趣和關心的事情相結合，就較易記住

不可思議地，我們對自己所喜歡的事情能毫不費力地記住。像一些數學能力差，卻喜歡打棒球的人，他們往往能將打擊好手的名字、各隊的順位、比分的差距、全壘打的次數、盜壘次數等記得一清二楚。

利用記憶的此種「任性度」，將想記住的事情與自己所關心和感興趣的相結合，就是很有用的記憶法。首先，整理想記住的內容，然後找出關鍵，再將此關鍵和自己感興趣的，例如電影和小說等相結合。

研讀世界史時，喜歡電影的人就可以將『十三號星期五』中把國王斬首，建立獨裁政治的傑森和奪取政權的克倫威爾相結合。這樣電影『十三號星期五』的可怕與克倫威爾的殘忍，利用「對連想」就很容易記憶深刻了，而回想時，若先想起感興趣的『十三號星期五』，利用對連想也就很容易想起克倫威爾了。

尤其是必須以整夜的時間來記憶時，在必須迅速記住的同時，也要避免因迅速記憶所生的弊端，也就是要避免記憶重疊的危險。否則好不容易才記住的，到了考試時卻不曉得那個是那個，而使先前的努力全歸泡影。

因此，將想記住的事物一一和自己的興趣或關心的事物相結合，就像傀儡玩具和指頭靠很多條線連結起來，玩具身體的各部分就能均衡活動一樣，記憶的線不會糾纏一塊，而能順利地活動，記憶也就會隨之躍動了。

31 重要的擺在學習時間的最初和最後

演講時每個人最感困擾的就是要以何種構成來說，我自己是將想說的擺在演講的最初和最後，中間則盡可能平鋪直敍，這是我在幾次的演講經驗裡，知道聽衆是如何記憶我談話內容的。大部分的人雖然不能記住全部的演講內容，但都很注意開頭和結尾，聽衆幾乎都會集中在這二部分。

記憶的情形也與此相同。學習時間最後所記的都能記得很清楚，但中間多半會遺忘。背英文單字時，A、B附近都會記得很清楚，但到了M、N時就會變得模糊，W時又稍稍恢復，到了Y、Z時便記憶鮮明。

美國心理學家C・I・霍布朗德曾調查十二個單句中，究竟是那個位置的句子最易出錯。結果發現，第一句幾乎不會出錯，但接下來錯誤便逐漸增多，第七～八句時達到頂點，之後錯誤又銳減，第十二句是錯誤第二少的。他將此稱為「記憶的系列位置效果」。

為什麼會出現這種情形呢?心理學認為是記憶痕跡互相抑制所致。首先是「順向抑制」，即先前的記憶痕跡會抑制後者，相對地，後面若記住與前面類似的東西時，就會反過來抑制前面的痕跡，即「逆向抑制」，二者互相抵消記憶。

系列中最早記憶的因在此之前沒有記憶，所以順向記憶不發揮作用;而最後所記的雖受到了順向抑制，逆向抑制卻不會作用。結果，中間的因受到了雙重抑制，記憶不易存留，相對地，前後記的便記憶鮮明，這就是記憶的機制。

同樣是必須記住的東西，但特別重要的就可運用此原理。例如，數學公式，就可以在學習的開頭和結束時記憶。

此外，記憶速度、固定率等也會依學習的系列位置而產生明顯差距。

32 反覆記憶法是使記憶固定的「捷徑」

通常，徹底地記憶比起粗略地記憶能記得長久和深刻。考試不考的地方、容易的地方往往瀏覽就算了，但考試時會出錯的大致就是這部分。「已經記住了」「這裡很容易記」的安心感，事實上反而使人犯錯。

為了不犯這種錯誤，就得反覆記憶，進行「過剩學習」才行。反覆再反覆或許讓人覺得痛苦，但習慣化後就能形成記憶的型式，能更快記住了。

高爾夫球和棒球等運動，也很重視此種「過剩學習」。將簡單的和基本的動作反覆練習，比起做其他練習更能增進技巧，因此棒球就很鼓勵人以正確的姿勢反覆練習揮棒。而高爾夫球一天握一次球竿或揮動球竿看似簡單，但卻是使技術熟練的祕訣。

若忽略了這些，就很可能被三振，或犯下了不可饒恕的錯誤；而記憶最危險的也是忽視基本，認為「已經記住了」的安心感。「過剩學習」原理的特徵就是反覆地記憶，並使人重視記憶。「過剩」往往讓人以為是做多餘的事情，與「迅速記住的記憶術」無關，但這正是更快記住的捷徑。

問題是「過剩學習」最少要重複幾次，才不會浪費時間或造成負擔？我對前來商談的考生都建議他們養成「至少重複三次」的習慣。這並沒有心理學的根據，而是基於我的體驗和對多數考生的調查，我認為三次是維持記憶的必要基準。

不管有多簡單，總之就重複三次。這樣一來，很不可思議地，以往必須重複五、六次才能記住的，只要三次就會記住了。或許是因重複三次就會記住的自我暗示，對記憶造成了好影響吧！這樣，「過剩學習」不僅不會造成負擔，反而能提升學習的效率。

此外，當你習慣重複三次後，記憶的紛亂現象就會減少，而且不管是多麼瑣碎的事情，都能生根在你腦裡，成績也會逐漸轉好了。

33 能提高背誦能力的是想像力

高中時，我有一位記憶力非常好的朋友，據他說當他讀日本史關原會戰時，眼前就會浮現當時的情景，覺得自己彷彿是奔馳在戰場上的士兵，或是在重要會議上敬陪末座的人。對他來說，德川家康和豐臣秀吉就是自己的朋友，甚至說：「這是熱血沸騰的學習法！」但是一些驕傲的朋友卻毫不留情地嘲弄他，說他胡說八道。

不過，我心中暗暗咋舌：「用看電影的心情來讀書，有這麼好的事！」而我自己也下了一番與他類似的工夫。

例如，背誦年代時就用諧音來記，這是每位考生都會用的方法。

此外，背誦歷史事實時，我也會利用其他我所知道的地理、服裝史、美術史等知識。「步履蹣跚地走在中國大陸荒涼原野的老和尚，背上背著沈重的經典……」等運用想像，背誦也就成了很輕鬆的作業。當我為此自負時，沒想到有人做得比我更好。

如今回想起來，運用想像力，也是很好的記憶法，而陶醉在自己所編織的想像世界裡，也是一樂。

34 記住後便常常在腦海裡自問自答

不用說，記憶若只是記住是沒有任何幫助的。要能再生，也就是能回想起來才有意義。而記憶怎樣才容易回想起來呢？方法就是「自問自答」。這也是記憶法則的重點之一，就是將記住的東西時常在腦海裡自問自答，藉此使得記憶深刻。

以往所發生的大地震或嚴重車禍使許多人喪生，但也有人因冷靜地行動而逃過一劫。調查結果發現，毫無例外地，這些人都是活用此種「自問自答法」以備不時之需。

有的人是假設各種事態，例如：「地震時玄關周圍倒塌了，要從那裡出去呢？」「從後門」「如果後門不通呢？」「如果腳搆得上石牆，就從窗戶下去沿著牆走」「石牆如果倒塌了呢？」……等，在腦中反覆練習各種應對法。

結果真遇到地震時便能立即應對，而逃過一劫。

在考場上面對問卷時，為免臨時遺忘而能立刻做答，就必須利用這個方法發揮威力。將所記的時常在腦海裡自問自答加強記憶，這樣答案自然就會出現了。

我有位朋友就說他的孩子利用電視來學社會科，就是這種自問自答法。他每天晚上都會看電視新聞，但目的不是為了要從新聞中獲得社會科的知識，而是借助新聞反覆記誦自己所

「快攻記憶術」①

花用時間太長時，能記住的也會變成記不住。

找出適合自己學習法的參考書，是有效記憶的第一步。

一直保存不必要的記憶時，重要事情就無法立即記住。

短時間內記住的

與其勉強記憶，不如「理解」才是記憶的捷徑。

時間緊迫時，站著讀是有效的「快攻記憶」法。

知道的事情。

例如，當記者報導：「首相今天召開記者會，正式說明無意解散國會。」這時，他就會自問：「那麼，地方議會的解散呢？」

然後自答：「有選舉權者經由三分之一以上的連署，就可提出請求。」

接著，「解散的手續呢？」「進行住民投票，過半數便解散」等。

的確，聽新聞時，就可對社會科的全部領域進行自問自答，這就是利用身邊事物來強化記憶的典型例子。

35 空腹、飯後等記憶力遲鈍時，不要暗背

即使有再多要記的東西，也不要邊吃邊讀，或暗背。飯後時刻，腦等身體全體的活力低降。而腦細胞活動衰退時，光靠力氣也是揮不動大刀的，最好等到腹部活動平穩，血液由胃「回流」到腦的時候。也就是說，吃飯時或飯後要讓身體休息，不要動腦，等待能量的儲藏，這樣就能記得很快了。

此外，空腹時記憶力也會減退。一般而言，動物在空腹時心情無法平靜，集中力減退，結果便會蠢蠢欲動。

這時，覓到食的機率會增加，但對記憶而言卻是最差狀態。走出房間找東西塡飽肚子似乎是浪費時間，但與其挨餓，努力鞭打遲鈍的頭腦，還不如吃點東西較具效果。也就是說，吃得太飽或空腹都會妨礙記憶，因此，當必須迅速記憶時，最好在宵夜或喝茶時小憩一下，其他時間便專心學習，這才是有效率的記憶法。

36 確立知識相互間的網路，有效運用所記的知識

就我自身的經驗而言，大學入學考試的出題者在出題時，都會連想可以應用在問題上的過去知識和經驗。也就是說，不單是片斷的知識，各種知識和經驗的組合才是出題的關鍵。因此，解題時要找出知識的關連，以各種方式將其結合，才能做正確的解答。記憶時若能建立這種知識的網路，回想時便能連帶引出這個網路，就能更有效地作用了。

例如，在學習數學的向量時，若能與物理「力」的概念一併記住的話，不僅是數學問題，在解物理時也可從新的角度來檢討問題。

某家幼稚園當老師問：「今天是幾月幾日？」時，例如六月二日，就會問：「用數字怎麼寫？」「英語怎麼說？」提出一連串的問題來。如果學習之初就能建立活動的網路，就更能強化記憶了。

37 九小時內復習十分鐘，比十天後復習一小時更有效

儘管必須記住的東西堆積如山，但學習卻不見進展時，人就會抱著記住了就好的心態不斷朝前。雖然明知反覆記憶很重要，但認為先前進，過幾天後再復習的人卻很多。

也就是說，有許多人認為幾小時後、幾天後再復習也無妨。

但我必須說，如果你這麼做，那麼一切的努力都會歸於無用了。雖然同樣是復習，但距最初記憶的時間越久，效果也就越差。

據艾賓格豪斯的實驗顯示，人類的記憶可分成容易遺忘的部分和不易遺忘的部分。而占全體三分之二的容易遺忘的部分記住後若不再復習，通常九小時內就會忘記；其餘的三分之一，則一天或數天後就會逐漸淡忘。

同樣是復習，但究竟是完全淡忘後再重新復習，抑或模糊時便立即補強，何者較有效，相信各位都很明白。

因此，記憶中最容易遺忘的部分，在腦中仍留有印象的九小時內，就應該進行反覆記憶的作業。

五天或十天後花上一個小時的反覆作業，是比不上九小時內花十分鐘那麼有效的。

不過，像三十分鐘或一小時後的立即復習，因爲此時遺忘率並不高，所以說不上有補強的意義。

38 偶而降低要求水準反而能促進記憶

需要「快點記住」，多半是平時怠忽準備，到了考試前才熬夜準備的現象。如果能認真學習，以合理的方法獲得確實的記憶，那就不必熬夜了。而且對熬夜也不要抱著太大的期望，這點希望各位能理解。

浸泡一夜的蔬菜與長久浸泡的蔬菜比起來，自然是後者的味道較佳；而比起平時持續地學習而言，一、二天學習所能達成的效果當然是較低。

因此，必須熬夜時就得放棄要獲得滿分或九十分、八十分的希望，而以七十分為目標，這樣在同樣的時間內就能記住該有的內容。

也就是說，如果要勉強塞進一百分的內容，那麼，全部就會變得含糊不清；如果減至五十分，就能確實記住七成的東西，毫不困難地得到七十分，這才是聰明的戰術。像這樣，藉著降低要求水準就能確實記住了。

39 邊猜題邊記憶，內容就能迅速進入腦海裡

這是我從某位議員聽來的，在國會質詢的前一天，為了準備質詢他請官員送來資料，資料大致過目後他便假想在次日的委員會上，他該如何質詢。最初，因為不知從何著手而極感困擾，但在自問自答中不知不覺地資料便全進入腦海裡了。

當然，這個方法也可以運用在學習上。在學習方面，相當於國會質詢的便是考試，你不妨邊從各種角度來預測考題邊記憶。

例如，背英文單字時，腦海裡便自問怎麼拼，怎麼讀。若有牽涉意義問題時，也可假想包含這個單字的文章，試著將其譯出來。這樣一來，知識不僅具有客觀的效用，以往記住的素材也可多方面地集中。

也就是說，光從一方面進攻的話，腦海裡便會失去關連性，而可能同時遺忘，但由多數的口進攻時，便能產生各種關連，也就容易記得住了。

此外，記住的知識若不能再生，就沒有任何意義。明明背了，考試時卻怎麼也想不起來，結果也就等於沒背。這一點就應假想再生的情形，實際運用這個記憶，如此一來，當必須再生時便能產生驅動力，使記憶立即浮現。

40 不必要的記憶會妨礙記憶有效運行

讀書讀累了跑去看電影，雖然回家後便立刻讀書，但電影的情節卻不斷浮現在腦海裡，讀書便讀不下去，相信大家都有這樣的經驗。這是因為電影的記憶形成一種干擾，而妨礙必要記憶的進入和固定所致。

人類腦細胞的數目約有一百四十億個，某位學者說，有效發揮作用的只是其中的約五％而已。也就是說，腦尚有充足的剩餘能力，再怎麽記憶都無所謂。但是記憶的構造並不是只在腦細胞的數目，進入腦中的情報會在腦中像網一樣地結合，而發揮機能，並會因應外來的刺激而再生。無用的情報如果任意地塞入，就會和必要的情報相糾纏，而壓抑新的情報。即使記住了必要的東西，但再生時就會跟不必要的一起出現，就像收音機有雜音一樣，只能提供不明瞭的情報。因此，記憶時或想快點記住時，腦筋就得完全地切換，維持白紙的狀態，這點非常重要。

41 重要的部分以一點主義來記較迅速

如前項所敍述地，當有其他的記憶進入時，先前所記的痕跡便會減弱，有不易想起的傾向。尤其是事後所記的內容和先前類似時，這種現象就更為顯著。

因此，想記住某件事時，事後就要避免內容類似的記憶進入。這樣所記住的部分就能突顯出來，而留下鮮明的印象。這就是先前所談及的「凝離效果」，運用這個方法，記憶力便會大幅提高。

例如，重要的地方或理解全部教材的關鍵等，最好和其他分離單獨來記。將這天的學習只侷限於一個地方，其他則完全不碰觸，也是方法之一。

這樣一來，這個部分的記憶就不會受到其他記憶的妨礙，而能鮮明地、長久地存留於記憶中。如果這也想記，那也想記，結果就容易什麼都記不住。

42 與其一知半解地認為「我會了」，還不如假設「還不會」，更能記憶深刻

讀莎士比亞作品時，最有趣的便是故事情節展開的緊張感。雖然知道問題一步步地在解決，但另一方面又希望一直這麼懸而未決。問題解決的確給人一種爽快感，但同時也會失去先前緊張的快感，而出現一種虛脫的感覺。

結果過不久，小說的情節便全忘光了。

日常的記憶也是如此，當事情結束時便會突然忘記。如前面所說的，一些名字和個性我都記得很清楚的學生，一畢業後過了一段時間，我就常常連名字都想不起來。當某人介紹給我們認識時，容易記的名字我們很快就能記住，而聽不清楚，或字我們不認得的名字就無法立刻記住，但後者往往記得較久。

心理學將此稱為「柴加爾尼克效果」。心理學家柴加爾尼克將受試者分為兩組，給他們幾個簡單的問題，一組是讓他們完全了解後才做罷，另一組則中途便停止，然後要他們回想剛才的問題。結果，「未結束」的那組記得較深刻。這件事顯示了「結束時緊張一解除便會忘記，而未結束時仍留有緊張感，反而記得較清楚」。

此外，另一項實驗將受試者分為完全了解、一知半解和不了解三組，相比較下，發現對問題內容記憶最深刻的是完全了解組，次為不了解組，最容易遺忘的便是一知半解組。

能完全求出解答時另當別論，而還沒有自信時便結束的話，心裡就會留下「還未解決」的遺憾，對記憶而言反而是件好事。

因此，做習題時，對自己無法解決的問題看了暗示或答案後便以為「會了」，對記憶反而有負面影響。所以即使看了暗示或答案就能大致理解，也應認為「這個問題還不會」，這樣對這個問題就能記得很清楚了。

「快攻記憶術」②

花用時間太長時，能記住的也會變成記不住。

邊猜題邊記，就能很快地記住。

與其一起記，還不如分段記，既能減少腦的負擔也能早點記住。

短時間內記住的

「退一步進二步」是迅速確實的記憶法。

不要先用眼睛，說出來能更快記住。

做習題和考試不同，與其說是判定實力，還不如說是培養實力。因此，做習題時，不要以為答案出來了就「好了」，必須徹底將內容、解法、想法記住才行。

43 找出適合自己聯想法的參考書，是迅速記憶的第一步

購買參考書時，許多人都會買名人寫的或名出版社出的書，而內容卻看也不看，這是錯誤的。不論多有名，如果作者的聯想法和記憶的構造與你完全不同的話，是一點用處也沒有的。

學習高爾夫球時，原則上要跟與自己身高相同的人學習。因為高矮、力量的有無，會直接影響到揮桿的姿勢，每個人都有適合自己體型的獨特方法。記憶的方法跟學習高爾夫球也是同樣的，各人都有各自的獨特型態。用做記憶素材的參考書以高爾夫來比喻的話，就是教你揮桿的人，要選擇能與自己類型相配合的。

我以往的經驗是，若選擇在分類上、條理的運用、一覽表的製作法、粗字的使用法、整理法上適合自己的參考書的話，就能大大地提高效率。

若沒有「適性」的參考書就不買，這樣參考書用起來才能幫助記憶。

44 復習時改變原本記憶的順序

「不復習就沒有記憶」，這麼說並不為過，記憶一定要反覆進行。但復習的方式如果拙劣，也完全不能提高學習的效率。大部分的人都會按照一定的順序，以同樣的形態來復習，的確，這個方法能使零亂的素材有順序地、固定地來記憶，在回想時，就能想起是在那個部分，是極有效的方法。這個正統的方法，是任何人都能使用的。

但是，這個方法有一些缺點，首先，就是不適合實戰。例如，背英文單字時，若只是按照字母順序來記憶的話，雖然也能記住，但考試時是不會按照字母順序來出的，所以常會導致無法應用的悲劇。

第二個缺點是記憶容易變得零亂。如先前所敍述地，固定順序的記憶以首、尾的記憶較確固，中間則多半會變得模糊。人類對新事物剛開始時都能集中精神，但習慣後就會變得散漫。若每次都依同樣的順序來復習，精神集中的部分與不集中的部分是相同的，因此記憶可能就會變得零亂。

以相同順序復習的第三個缺點是學習缺乏變化，記憶無法持久。例如，每次都從自己沒興趣的地方開始讀的話，坐在桌前就不會產生幹勁，引擎也很難發動。

為了補救這些缺點，有時記憶時就不妨打散順序，自然地一一掌握記憶，培養實戰力。即使是原本依時間順序展開的歷史，也要打亂「時系列」來復習，以強化記憶，這樣即使出了時代不明的問題，也決不會弄錯。

顛倒順序或由自己喜歡的部分復習起，就可防止記憶的零亂，並有助於心情的轉換。雖然很努力，但成績一直沒起色的人，不妨試試這個方法。

45 配合身體的活動掌握規律，就能很快地記住

精神分析學之祖佛洛依德在孩提時，每當晚上要背拉丁文的語尾變化和希臘文的文法時，就會邊走邊用手敲桌子或牆壁。他說自己想集中意識時，就會邊走邊敲打牆壁，配合節奏來記，這就是順利記憶的一個好例子。

我們在思考時，常會無意識地用手指敲打桌子或椅子的腳。習慣後，有些人甚至沒聽到敲擊聲就無法思考。

像這樣，以一定間隔反覆的節奏有助於精神的集中，佛洛依德也是利用記憶作用和敲擊聲的節奏，而產生相輔相乘的效果。現代是個「視聽時代」，也就是說，聽覺大大發達，與視覺連合而產生以節奏感、感覺為主的效果。

有位和尚說，最近年輕的和尚都邊敲木魚邊背經文。以快節奏，沈浸於快感中的記憶，就是優越的現代記憶法。

46 撕破、吞食字典的學習法也適用於現代

以前讀初中、高中的時候，曾聽說有撕破、吞食字典來背英文單字的事。我自己是沒有吃，倒記得曾用字典的紙張捲香煙來吸。

看似野蠻，卻有心理學上的根據，也就是說，這是說明對記憶而言，「心態」是何等重要的典型例子。

例如，讓一人讀文字，另一人則用聽的，然後測驗兩者的記憶。結果隔了一天，聽的人記得十六個字，讀的人卻只記得十一個字。又如對一組說考試當天就結束，對另一組則只說考試改天舉行，結果前者的記憶很明顯地較深刻。

這些都說明了「心態」對維持記憶有重大的作用。現在已經看不到有人吃字典了，但這種必須記住的心情確實能加深記憶。只要明白這個原理，有意地使自己陷入危機感中，就可能培養出確固的記憶來。

47 排列開頭文字，作成有意義的語句、文章來記

列出開頭的字，作成有意義的押韻文章，這樣數字、字母或國字的序列就能隨時記在腦海裡了。以下舉幾則實例：

「水金地火木土天海冥」——距離太陽遠近的行星序列。

「紅、橙、黃、綠、藍、靛、紫」——彩虹七色的順序。

像這樣，以押韻來記比起記內容容易多了，即使沒有什麼意義，也能朗朗上口，記得長久。

建議你作成這樣的句子來記憶。

48 將相同的內容以不同的形式重複練習，更能加深記憶

對記憶而言，重複是不可或缺的要素，但是，重複也有許多方法，尤其是要確實地回想起所記住的知識，更需要一番工夫。

在記憶的第一個階段裡，總之，就是將同樣的內容以同樣的方法機械地重複。像英文單

字、歷史年代、人名及其業績、化學式、數學和物理的公式等，剛開始時就是不必管理由為何，只要反覆訓練就好，有時候也須像誦經似地朗朗上口。

但是，要更確實地回想起所記住的記憶的話，若光以這種採同樣方法的反覆訓練，不可否認地，有它好的一面，但是，單純的反覆作業，也容易使人生厭。尤其是記憶的確認，若用和最初記憶時同樣的方法，很容易就會變得單從一個方向來看這知識，所以並不是有效的方法。

因此，要使記憶確實化，就應儘可能採取不同的方法。即使內容完全相同，但因關連的形式不同，就會覺得新鮮，甚至可能發現同一內容的另一面。舉個身邊的例子，例如看過電視影集「神探可倫坡」後再買書來看，即使內容相同，也會有新鮮的感動；如果拍成了電影，也可能想再追求新鮮的感動而又上電影院看。

關於記憶，也可以說是完全相同的。如讀歷史時，剛開始先反覆讀教科書來記憶，然後用年表確認，再用參考書、歷史地圖，最後再做習題，變換角度來記憶。預習、復習、上課時也不妨試著變換各種形式。

像這樣，以各種形式重複，每次思考都以不同的形式展開，就能提升反覆的效果了。

背英文單字時，不要光是看著英文用中文說出它的意思，也要反過來由中文來想英文，或譯出包含這個單字的短文，或用這個字寫出一篇英文作文，多角進攻，使記憶深刻，忘也忘不掉。

49 將新部分接上所學部分的「直接反覆法」，也能使記憶正確

使記憶正確的方法，除了先前所介紹的「漸進反覆法」外，還包括了「直接反覆法」。所謂「漸進反覆法」，是第一部分結束後便立刻進入第二部分，而直接反覆法是第一部分結束時回到第一部分再出發，然後才進入第二部分。同樣地，進入第三部分後還要再回到最初部分。

也就是說，新的部分要緊緊跟隨已學習的部分，而隨著跟隨部分的增加，從頭溫習的次數也要加多，雖然有點花時間，卻能使記憶確實成為自己所有。

小提琴早期教育的權威鈴木鎮一先生，他所採用的教育法就是這種。先由「小星星」這首曲子開始，但是開始學新曲子時還要溫習最初的「小星星」，結果即使是四、五歲的幼兒，也能奏出令外國人驚訝的美妙旋律來。

據說鈴木先生是由人類學母語的方法得到啟示的，母親重複地將一句話說給孩子聽，藉此母語便在孩子的腦中血肉化、固定下來。記憶時，如果也回到最初的地方再前進，那麼重複的次數越多，速度也就越快，能掌握的記憶材料也就越多。

50 時間緊迫時，站著讀也能有效背誦

任何人一焦躁時就會不自覺地站立。像棒球比賽時，即使是號稱實力第一的強勁隊伍，開賽時如果不慎失分的話，教練就會站起來，甚至舉止失常。

要正確實行，拿出實力的話，就得平穩下來。但有時迫在眉睫，只剩下幾週就要考試了，這時站著讀倒不失為好方法。

眾所周知地，我們大腦的活動在背肌挺直、站立時較發達。人類優於其他動物之處，可以說就是直立，以致大腦發達。簡而言之，背肌挺直站立的話，我們的頭腦就能充分發揮作用。

在考試只剩下幾個禮拜的「焦躁」狀態中，心情當然會變得焦躁。這時就不妨站著讀，比起坐著焦躁不安，反而能順利記住。

當然，這個方法是最後關頭才用的手段，雖然有助於記憶，但也不是萬能的，且只適於社會、生物等必須暗背的科目，像數學、物理等要計算的科目就不適用。

51 不用腦，而用手和口來記憶

背英文單字時絕不可默讀。或許有人會認為一個人坐在桌前自言自語是不好的，但用默讀來記憶，其實是很拙劣的方法。為什麼呢？因為出聲發音能透過嘴唇的感覺、舌頭的活動來增強記憶。在外學習時不便這麼做，但在自己家裡沒人介意時，就應該大聲地念出來。

此外，更有效的是在出聲的同時也動手。在紙上試寫幾次的單字，不僅能有效訴諸視覺，手拿筆的動作也有促進記憶的功效。當你印象模糊，不知道是R或L時，寫一寫很快就能想起來了。

像我以前在大學教書時，在課堂上有時想在黑板上寫外文，卻怎麼也想不出來要怎麼寫。這時我就會用筆在桌上的紙寫寫這個單字，寫著寫著，原本忘記的單字竟然就正確地拼出來了。

也就是說，看、出聲、寫三者同時進行，就能達到三倍的效果。

要熟悉語言的捷徑，就是要綜合利用感覺器官。例如，little不會寫成rittre，是因為眼睛看時知道l是長形的字，而且t和tl重複，藉由發音嘴唇也知道l和r的不同，最後，用手寫little的感觸也不會忘記。

52 半夜醒來睡不著時，可用來強化記憶

相信很多人都有半夜醒來，因頭腦清晰而無法成眠的經驗，這時，再怎麼努力入睡都睡不著。每當我遇到這種情形時，就會把它當成是強化當天所學的機會。

前面說過，所學的在九小時內復習，有助於記憶的強化，而復習的時間越早，效果便越好。當你只能再睡三小時而且輾轉反側時，正是復習所學的絕佳機會。怎麼也睡不著的話，在入睡前復習所學，實在是上上之策。

雖然不全是為此，但我直至今天在就寢時，一定會把要重讀的書或卡片擺在一旁，等到半夜醒來睡不著時，就會復習課本，或記錄重讀時所發現的重點。如此一來，每當有好構想時，就能立刻記錄下來，而且第二天早起時也不會忘記。事實上，『頭腦體操』一書中的幾個問題，就是這麼產生的。養成習慣後，我再也捨不得半夜的學習了。

當然，一次能持續睡七、八個小時是有益健康的，如果因為使用這個方法而妨礙了次日的學習，反而對記憶不好。只是一旦清醒睡不著的時候，與其努力地去睡，還不如用來強化記憶。因此，要隨時將當天所記的素材放在枕邊，以便俟機利用。這樣即使一覺睡到天亮，也不必特意坐在桌前用功，只要在床上簡單地做個復習就可，非常便利。

53 記錄重複的次數，以迅速強化記憶

學習也有一定的規律。剛開始時或許進步遲緩，但不久就可能效率急速增加，然後強勢地征服全體；或者是像波浪一般時快時慢，但也能達成當天的目標。有時甚至毫無規律可言，效率一點也不見增加。

這個規律會依當天的心理狀態和個別的記憶材料而異。關於記憶材料，不妨記錄至完全記住為止的反覆次數，就會發現有很大的差別，難易之別也就顯而易見了。如此一來，對不易記住之處，就可以分析是何處困難，藉此不僅可強化記憶，也可了解自己記憶法的缺點，而發現較有效率的記憶方法。此外，這個記錄也會使你發現自己不拿手的科目、那部分反覆次數較少，而明白記不住是因為反覆次數少的關係，這樣也就能填平學習的差距了。

54 暗背數學題時，解答的段落部分要用紅筆塗掉

有不少文科的人把數學當成是「暗背科目」，這是因為能引出解答的類型只到某個程度為止的緣故。原本，能理解是最好的了，不得已須迅速記住時，也有一種從更深角度來「暗

背」數學的方法。

仔細看數學的解答會發現，它分成幾個「段落」。而段落的區分處多是數學獨特邏輯展開時的重點，具有一種規則性。是否能掌握這種段落，與是否能暗背這個數學問題有很大的關係。因此，將此段落部分用紅筆塗掉，好好記住的話，就更能提高數學的「暗背科目性」了。

55 排列、更換使用卡片會更有效

看電視劇時，有時會令你感到非常驚訝。就是由不同角度所拍攝到的演員的臉，竟然跟平時的感覺不同。有時就是因此而發生以往從未發覺的演員的魅力。

記憶也是如此。如前面所敍述地，一個記憶材料由各種角度來看的話，印象就會變得深刻，甚至有新的發現，這些便會成為驅動力使記憶根深蒂固。

利用卡片來學習，就是運用這個原理。卡片和筆記不同，可以自由排列或變換順序。將歷史人物寫在一張卡片上，既可按年代順序排列，也可依國別、業績或事件來記憶。將一張卡片以各種結構來組合，對這人的記憶就會更鮮明了。

例如，幕府末期悲劇的科學家「高野長英」和「佐久間象山」，將他們的卡片和其他卡片一併排列來看的話會發現，按卒年的順序，長英較象山早死十四年；由死法來看時，長英是自殺，象山則是被暗殺；以蘭學來分類的話，長英長於醫學，象山則在物理、化學方面發揮長才。像這樣，變更卡片的分類，調整焦距，通常是並稱的長英和象山兩人，他們的差別就變得很明顯了，同時我們也更能了解他們個別的個性和業績。

不僅是歷史，英文單字的卡片也不要十年如一日地全按字母的順序，要像撲克牌一樣地來運用才好。這樣，就能預防每次都只記住第一個單字的偏頗了。

56 參考書的目錄有助於將零散的記憶體系固定化

參考書和教科書其內容的敍述是最重要的，這點無庸置疑，但以記憶的效率化觀點來看時，必須注意的強力武器之一就是目錄。如果你努力學習課本的內容，而將目錄當成只是標明頁數的「指引板」的話，我希望你即刻改變這種想法。

其理由之一就是目錄將片斷的各個記憶體系化，加以整理，能使你深印在腦海中，是加深記憶的指引板。也就是說，目錄所記載的第一章、第二章……等章別，乃敍述了書中內容的大致梗概；而各章又分成第一節、第二節……則說明了構成本章的重要要素。

以某本世界史參考書為例，各章依次為Ⅰ文明的誕生，Ⅱ古代文明的形成、Ⅲ東西文化圈和回教文化圈、Ⅳ歐洲世界的形成、Ⅴ歐洲的近代化及亞洲諸國的繁榮、Ⅵ歐洲近代國家的發展、Ⅶ現代世界等；而Ⅳ歐洲世界的形成又分成：一、西洋中世世界的形成，二、西洋封建社會，三、封建社會的變動等，其中一、西洋中世世界的形成要素又列舉了日耳曼民族的大遷徙、法蘭克王國的成立和發展、中世國家的誕生、羅馬天主教會的發展、拜占庭帝國的盛衰等。

也就是說，目錄乃是全書最重要的全部流程之必要最小限度的要旨。因此，極端來說，最須先記住的不是瑣碎的人名、事件，而應該是目錄本身。在你記憶中的瑣碎事項是位在目錄中的何處，透過這樣的課題，記憶就可確實穩固在你腦中了。

目錄是有力的記憶術武器的理由便在於此，而在日常的學習中也可廣泛運用。例如，打開本書學習時，要先瀏覽目錄後再進入當天的預定頁數，這樣就可明瞭以往所學習的和今後要學習事物的關係，以及當天預定內容所占全體的位置。再者，目錄所列舉的項目也是問題討論時的主要課題，光看這些項目腦海裡就能浮現其內容，連帶也就能完全熟悉此科目了。

57 索引是絕佳的「記憶檢查表」

若將參考書和教科書視作記憶術的工具，那麼索引也是個強力武器。索引與目錄不同，並非有體系地重要事項，而是按照字母順序的機械式排列。事實上，正因這種機械地、沒有前後脈絡的排列，索引才在不同的意義上有助於記憶的補強。

如前面所敍述地，目錄是知識經過體系整理後的絕佳「略圖」，相反地，也因重要事項基於相互的關係來排列，前後項目形成暗示，因此嚴格說來並不確認個別的知識。在這一點上，索引乃一個一個項目獨立排列，前後項目完全無關。因此，對索引的個別項目是否充分了解，就可公正地評估了。按著項目一一檢查記憶，在這一點上，索引可以說是絕佳的記憶「檢查表」。

這時，按照排列順序一一檢查當然是很好的，如果再多花點工夫，也可以採用以下的方法。索引中尤其重要的項目會用粗字印刷，即使沒有，多半也會標明項目所出現的頁數，如「○○…五四、六○、一○五」、「××…八二、九五～九七、一一三、一二○」等。而頁數的多寡即表示本項目的出現頻度，是重要度的象徵，復習時便可由頻度高的優先開始。

索引的另一個效用就是可從與目錄不同的觀點來整理知識。以歷史為例，目錄是按歷史演進來整理知識，相對地，索引則是由各種觀點來看一個事件。如「韓信…三九、四五、九○、一○一～一○三、一五五」，首先檢查一○一～一○三頁，知道這裡詳細記載了韓信其人，讀這部分就可由關於韓信本人的記載來連想歷史的發展；而三九、四五、九○、一五五頁等偶然出現之處，也可以讓你意外發現先前沒注意到或遺忘的地方。例如，看到軍事家諸葛亮和韓信出現在同一頁，就可以想起韓信也精於兵法。

58 以圖表來綜合整體，加深記憶

有時當我在電話中和初次要到我家拜訪的人說明路徑時，我雖然一再地反覆說明，但對方仍會「嗯，到鐘錶店拐個彎……」仔細地確認。雖然把我的話都記下來了，但這人即使看地圖，也無法照我所說去做，來到我家附近時仍然要問路。

在人類的感覺中，會隨著成長而發達的是視覺，而無法地圖化，也就是視覺化的人或許是感覺器官不夠發達吧！通常，用眼睛來處理、整理情報可促進理解和記憶，因此用一目即可瞭解的圖表來訓練，就是迅速記憶的捷徑。

學習時也不要光用文字來表現要點，不妨以「圖解筆記」來做視覺化的訓練，社會科學論述式問題用這個方法也很有效，可以將一個主題整體地、很有要領地來整理。用圖來表示因果關係、時間、人物等可加深記憶，並提升學習的效率，即使你闔上筆記本，鮮明的記憶仍會一一浮現，非常有利於再生。

偶而也可用粗字或色筆來表現圖形，使筆記更立體化。此外，若用自己獨特的記號來表現，每當寫這個記號時記憶便能開始發揮作用。

最近的參考書多半有彩色印刷的圖解，就是根據這種效果來的。

59 色卡是有心理學根據的記憶法

我一位在哈佛大學教授日本文學的朋友極巧妙地使用色卡，他依用途分別使用紅、綠、黃、白四種。首先，專門的日本文學、日文相關資料等須長久保存的用白卡；綠卡則是非專門，但想長久保存者。預定最多只用四個月的統一用黃卡；紅卡則用來代替便條紙，用後即丟。

四色卡陳列在書房的情景光是想像就令人很快樂，而以色彩心理學的立場而言，這種明亮色系的卡片混合也有使心情愉快的作用，在記憶時，就可排遣記憶作業的乏味、無聊。

這種色卡也可以自己動手做。以單字卡為例，在卡片上塗上三分之一的顏色，下面再寫上單字和成語，同時也可依單字的重要度來分色。由最重要的單字卡開始，一一抽出記憶即可。

60 背英文單字的解釋時用紙遮住

背英文單字時有許多方法，但慮及記憶構造的話，就不要忘了能確實暗背的技巧。就是背完英文單字後，一定要把單字的翻譯遮起來，檢查是否真的記住了。這樣除了能確認記憶外，也具有他種意外的效果。

不用說，記憶就是能回想起來的東西。也就是說，即使進入了腦海中卻不能再生或回想的話，就不能說是記憶了。尤其是前不久才記的東西，一定要徹底地做這種再生練習。這樣，考試時就能立即回想起來而得分。

因此背單字時，經常將意義寫在紙上檢查能否再生，是非常重要的。如果不能再生，就要在紙上寫寫或動口說，以使記憶確實進入腦中。而且這也不限於背英文單字時，像歷史、化學記號等所有須暗背的科目，都需要做這種檢查。有些考生會忽略這項作業，但這樣就無法得分了。

61　使用英英辭典可迅速記住英語特有的說法

在美國，教外國人英語的學校（成人學校）都一概禁止使用加有母語的辭典。因此，中國人在這種學校時也不可使用英漢辭典。這是為了避免在學英文時，養成用自己母語來思考的習慣，而變成中文式的英文。例如，英語說「It's wonderful」，查英漢辭典中的「wonderfal」是「很棒、很好」的意思，結果當中國人說「很棒！」時，就容易想成是「It's wonderful」。

但是查英英辭典的wonderful時，上面的記載就可能是marvelous、fabulous、remarkable等。因此，不倚賴英漢辭典，而養成只用英英辭典的習慣時，就很容易改說成「It's fabulous」，這樣就能儘快脫離母語，進入「英語世界」了。

成人學校原本是為教育移民為目的，因此要使他們儘早學會英文，就最好採用與母語的構思、文脈「相隔離」的方法，而光用英英字典就是其中的一種手段。

這個方法也可以運用在英文的學習上。想表達某件事時，能換成各種說法才是加強語文能力的捷徑。英英辭典可說是「說法互換的寶庫」，最適於用來記住英語特有的說法。此外，經常使用英英辭典也有助於培養單字能力。

例如，用英漢辭典查money時，寫明意義是「金錢、貨幣」，而英英辭典就可能說明是「current coin; coin & promissory documents representing it」這樣記money時就可連帶記住「貨幣」current coin和有「約定」意義的promissory，而且即使忘了promissory的意思，只要一想起money就能接連地回想起來了。

或許你會認為使用英英辭典很麻煩，但是「欲速則不達」，剛開始會很辛苦，但習慣後每當遇到英文單字或文章時，就能想起這些互換說法和類似語，使你能自由悠遊於「英語之海」中。

第三章 正確記憶術

62 只要集中意識，想記住的東西就能記得正確、明確

我有一位朋友每逢在東京都內演講時，到了演講場附近都會盡可能利用地下鐵。他說因為地下鐵完全看不到外面的景色，所以最適合在車內復習演講內容。或許他是想要集中意識來記憶吧！

心理學上將意識的範圍稱為意識野，常比喻為舞台。舞台越往周圍越暗，焦點則對準演員所站的位置；而在意識野中，像這種意識特別清晰的部分稱為「意識的焦點」。想記住的東西若能配合這種「意識的焦點」，記憶就容易留存下來。

以前面的例子而言，地下鐵在物理上是與周圍隔絕的空間，因此意識容易集中，容易形成「焦點」，記憶就會變得鮮明且正確。

讀書時在各種夾雜物中，將重點置於想記住的東西上，集中意識，就像身處於水銀燈下一般。像這樣，記憶時若能留下滑雪的滑痕這種鮮明的痕跡，就能記得很正確，而且也不會忘記了。

63 與其熬夜還不如小憩一番，才能正確地記憶

在定期測驗的前一晚，因為準備還不充分，所以一絲一毫的時間都很珍惜，甚至認為睡覺是種罪惡。為了想多記住一句話或一頁，就會坐在桌前熬夜用功，最後連睡的時間都沒了，或者連早餐都沒吃就出門。

但是熬夜的結果反而會違反本人的意志，對記憶造成不良影響。好不容易記住的東西因整晚沒睡，就會從腦中逐漸掉落而遺忘，這是經由心理學的實驗所證實的。

這是名為詹金斯與塔連巴克的實驗，結果是「學習後若立刻睡覺，記憶會減少二小時，不過之後就不會減少；但是一直不睡的話記憶會持續減少，經過八小時後更會急遽減少」。由此可知，熬夜乃是「正確記憶術」的大敵。

學習後若立即入睡，在最初的二小時記憶會減少，不過之後記憶受到睡眠這道厚壁的保護得以保持，清醒時仍可能存留著八成的記憶。這是因為體制化的睡眠能將記憶痕跡整理、固定至某種程度的緣故。

相反地，如果完全不睡，記憶就會像水從竹簍裡漏出一樣，不斷地減少。

也就是說，清醒時不管房間多安靜，外部的各種刺激都會透過五官進入眼裡。如果聽深

夜的廣播，那麼刺激就更大了。基於這些刺激，就會壓抑先前所儲存的記憶，這在心理學上稱為抑制效果，記憶埋沒於各種刺激中，終於逐漸忘卻。

因此，不要以為熬夜學習是很有效的，雖然大量記憶但就等於沒記一樣。原本記住了十，但因一夜沒睡而只剩下二，相較之下，雖然只以一半的時間記住了五，但因睡眠而保住了四，反而有效率多了。

在考試的前一天每個人都會興奮和不安，如果因憂心而睡不著時，「睡眠有助記憶；睡眠能造成與他人間的差異」，進行這種自我暗示也是一種方法。至少，「半熬夜」更較「熬夜」上算，能保證記憶的確固。

64 辛苦解答出來的問題才能正確記住

數學和物理較差的人，有些一遇到難題就連想也不想，立刻看解答。「啊，原來如此，很簡單嘛！」就以為自己已經懂了，但是這種方式的了解很快就會忘光了。相反地，在問題解決前若不斷地重複試行錯誤，辛苦找出解答的話，記憶就會一直鮮明地存留下來。這不單是花時間、辛苦得到報酬的精神論，而且在腦中的構造也會發生很大的變化。

關於這一點，德國形態心理學家凱勒有個著名的實驗。在關著黑猩猩的獸欄裡放著箱子，讓黑猩猩以此為踏台去取由天花板垂下的香蕉。這項作業對黑猩猩來說是相當困難的，剛開始時黑猩猩只把箱子當成椅子，但在它重複試著要去取香蕉的過程中，突然「靈機一動」，知道踏上箱子可以接近香蕉。在此之前只在欄子裡來回踱步，或坐在箱子上的黑猩猩，突然踏上了箱子拿到了香蕉。

心理學上將此變化名為「認知構造的變換」。一般而言，同樣的東西卻具有與以往完全不同的機能，就稱作認知。

這個實驗和學習雖然不能等同視之，但基本上是相同的。在重複試行錯誤的過程中，因靈機一動而解決問題，在「看穿」問題如何解決的同時，也能正確地掌握這個問題有何構造，何處是解決的關鍵等。

這與單憑直覺和僥倖來解決問題不同，能正確地掌握問題中的重點，理解問題的本質。以往一片黑暗的前途，讓人感覺到彷彿有一道曙光照出了「解決法」似的。

如此一來，只要有一次經驗就能鮮明地記憶而不致遺忘。即使是基礎的公式也不要只當成公式來背誦，要辛苦一點自己試著證明，這樣就不會把公式當成單純的「形」，而能正確地掌握其構造了。

65 提高集中力的時間限制，也是有效的「正確記憶」的方法

當決定要在學會和研究會發表研究結果時，縱然花了很長的時間準備，但直至最後都無法有好的結果。

有時是因為擔心做得不好，以致工作進展不順；但隨著時日的迫近，相反地，緊張感較不安感更強烈，反而能集中精神了。在驅車前往會場的途中，以往百思不解的難題竟然解開了，全體都得到了完美的解決。

一有時間限制，腦就會展開「背水一戰」，面對想記住的東西，各種機能就能集中地開始活動。而原本功效不及好好睡上一覺的學習卻很有效率地，能正確地記憶，這是因腦清楚意識到背水作戰的情勢，致集中力提高的緣故。

常聽舞台演員說，當開始倒數計時「至開演日還剩幾天」時，就能很有效率地記住台辭，尤其是迫在眉睫時，更會努力地督促自己「至開演只剩幾小時了」。

當記憶效率不彰時，開始「倒數計時」，設定時間限制，極有助於鞭策自己往前衝刺。

66 想記住的事可以做成「〇〇日」集中記憶

一位我認識的母親在教導孩子時，會把今天訂成「時鐘日」，明天訂成「左右日」等，把想教的東西集中教給孩子。但她不是勉強孩子坐在書桌前讀，而是利用生活的各種場面，教導孩子看時鐘或分辨左右。這樣不但能有效地引起孩子的興趣，也能掌握各種機會復習所教過的，實在是用心良苦。

這個方法不僅適用於小學生，要考大學的學生也可多加利用。

學習法有分散法和集中法兩種，這位母親則是將兩者混合，在短時間內一科一科地教導，重要的地方並於當天每隔一段時間集中教導。

同樣地，考生也可將想記住的地方以「〇〇日」一天為一單位；而想要體系地把握之處，則可以「〇〇週」一週為一單位，這樣即使是容易流於惰性的長期學習，也可集中於想記住的地方。

這個方法的另一個優點是使學習目標明確，能集中學習而產生緊張感，並能大大地提高效率，是值得一試的方法。

67 分類、整理是正確記憶的第一步

例如，要記住以下十個東西：狗、帽子、貓、掛鐘、桌子、櫥子、眼鏡、鸚哥、鞋子、戒指。當然，可以從頭至尾地背誦，但更容易記住的方法是將這些東西分類、整理。即動物＝貓、狗、鸚哥；隨身攜帶之物＝帽子、眼鏡、鞋子、戒指；家具＝掛鐘、桌子、櫥子，按範疇來記憶，就能記得快速、正確。這是為什麼呢？

人類的腦跟櫥子一樣，有幾個抽屜，外界的情報若能放入適當的櫥子，就能長久、正確地保存。而且只有將情報放入適當的櫥子，才能自由地取出，也就是容易回想起來。

據說孟德爾頌十七歲時，第一次聽了貝多芬第九號交響曲的演奏，而從音樂會回來後，他便將全曲譜下來，令衆人大吃一驚。或許在孟德爾頌的腦中就有這種抽屜，能將音符嚴密地分類並收藏其中吧！

記憶好的人就是能用抽屜進行整理的人，而記憶差的人就是任意地將各種東西塞入一個抽屜裡。

平時若能留心做分類記憶，漸漸地抽屜便能井然有序，也就能自由出入了。

68 用色彩區別記憶的難易度，復習起來較容易

前幾天我搭車時，偶然看到一位學生正努力地讀參考書，看他的參考書簡直是五顏六色，有紅、藍、黃、綠、粉紅色等，實在非常漂亮，看了就讓人產生幹勁，彷彿是訂做的參考書似的。

就如在「色卡」項目中所敍述地，分色是有效幫助記憶的手段。可以不必像這位考生一樣使用五、六色，但至少要有效使用紅、黃、綠三色，做成容易復習的參考書和筆記本。不用說，紅、黃、綠三色和交通號誌相同，紅表示危險，黃表示注意，綠表示安全。對經常搞錯、不易記住的重要事項用紅色表示，而模糊不清的記憶就用黃色表示等，具體地來分色。藉此，記憶的難易度就可一目瞭然了。

這麼做的話，復習時就可以知道重點要放在那裡了。時間不夠的話只要集中紅色部分，有餘裕時就可同時兼顧黃色部分，至於綠色部分迅速瀏覽就夠了。這樣比起單調地閱讀，更能改變著力點，使效率更加提升。

再者，比起只用黑色字的「無色」參考書或二色、三色印刷來說，自己用手和腦所做的多樣分色，不僅用起來容易，且一看到美麗的事物就會令你產生幹勁。

「正確記憶術」①

不懂要領的話，能正確記住的東西也會記不住。

進行分類、整理是正確記憶的第一步。

複雜的事物個條書寫後，就能正確地記住。

一字一句都能記住的

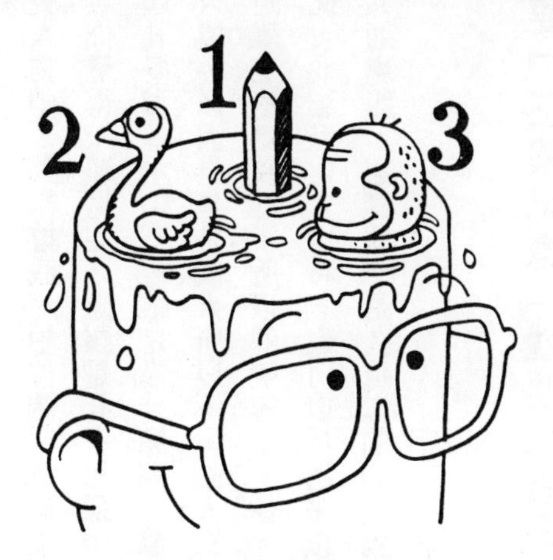

使數字有意義後就能正確記住。

一再反覆的「過剩學習」能保證正確的記憶。

69 記歷史人物時可連想身邊的人物，更能確實記憶

歷史人物中，蘇格拉底、柏拉圖、拿破崙、西鄉隆盛、聖德太子、孔子、孫中山中，那一個人讓你覺得較親切呢？應該是孔子和孫中山吧！如果你忘了蘇格拉底和柏拉圖，也決不會想不起孔多和孫中山吧！這是為什麽呢？蘇格拉底、柏拉圖都是很早時候的人，拿破崙年代雖不久遠，但因為是外國人所以不會讓人有親近感。相較之下，孔子和孫中山都是中國人，心理距離上感覺較近，所以就較容易記住。

因此，要記歷史人物時，也可以反過來以身邊的人來連想，例如，找出與身邊的人其類似點或共通處等，這樣即使是久遠以前的人物，在心理上也可以縮短距離，同時也容易確實地記住。

70 要「正確記憶」就要知道適合自己年齡的記憶法

小學生背乘法時會機械地背誦二二得四、二三得六，不過高中生若用同樣的方法來暗背化學方程式就錯了。人的記憶方法依年齡而異，因此採取與年齡相合的記憶方法才是合理的

記憶法。

據某位學者研究，男到了十三歲，女到了十一歲時，機械的記憶會減少，構造的記憶（包括意義和邏輯的記憶）便取而代之。也就是說，理解內容後再記憶比起暗背是較適合國中、高中生的記憶形態。即使背化學方程式，也要從形成此方程式的過程來記才較合理。

此外，隨著年齡的增長，會從聽覺優位變成視覺優位。以小學的中、高年級為交界，以視覺來記憶會較容易記住。就這個意義而言，先前的二二得四是小學低年級時「聽覺優位時代」的記法。

在大學授課和演講時，我常看到有人使用錄音機，但對記憶而言這並不是有效的方法。不只是因為錄音要花時間，光倚賴聽覺，就會忽視說話者的表情、動作，或寫在黑板上的圖形。因此，不要光記筆記，也要利用容易了解的圖、畫、表等，才能促進記憶。對考生來說，理解內容，並動員視覺情報重組成易理解的構造後再記憶，才是合理的方法。

71 類似之處要先明瞭其異同，才容易記得正確

我熟知的一家店名為「傑克的豌豆」，很不可思議地，一聽過這個名字後就不會忘記。這跟童話『傑克與豌豆』只有一字之差，二者幾乎雷同，但正因只有一字之差而產生了明確

的對比，因此就能區別兩者而記住了。像這樣，類似之處若能明瞭其異同，也就容易正確地記住了。

例如，日本史中有黑田清輝及黑田清隆，兩者都是明治時代的人，前者是西洋畫壇的開拓者，後者是明治的元勳之一。如果就這麼記，在意識中就有混淆之虞，若能將焦點置於「輝」及「隆」的差異來記的話，在記憶中就能形成明顯的差別了。

像電腦的操作，對類似的情報會先明瞭其落差，而人腦是較電腦更為精密的記憶裝置，所以這項作業也是很重要的。

72 要記順序時，可與順序不變者相對照來記

以前我有位朋友在背英文的十二個月時，是與家族對照來背的。雖然有點長，但還是介紹一下——一月祖父錢有理（January），二月祖母花不停（February），三月大哥說有馬騎（March），四月大姊愛哭（April），五月大妹美麗（May），六月大弟窮（June），七月我就來（July），八月二妹嘔死了（August），九月二弟紗布踢破（September），十月阿哥頭破（October），十一月小妹露面部（November），十二月我們都散步（December）。

這個例子是將英語各月的順序和祖父、祖母、兄弟、姊妹等家人的順序相結合，一方面按照順序記憶，另一方面也設置絕對不會忘了此順序的「對」來對照地記。這在學習心理學上稱為「對聯合學習」，藉此即使一時忘記，只要想起另一方面的「對」，也就能接連地想起來了。

在記世界史、本國史、社會、地理等許多記憶材料並列，且其間順序不可搞錯的科目時，這個方法非常有用。

73 容易忘的東西寫在「備忘筆記本」上

不論是英文單字或數學公式，都有很難理解卻能立刻記住的東西，或是挑戰了好幾次卻無法正確記住的部分。

這是因為記憶也有某種的「相合度」，學過一次就不會再忘記的是「相合度佳」的緣故，而重複了好幾次仍然記不住的就是「相合度差」的關係。

那麼要記這些「不合」的東西時，怎樣才能完全理解並記得正確呢？

我的建議是將這些「不合」，一直記不住的東西寫下來，作成筆記本。

要使記憶確固，一再反覆是很重要的，這本筆記本就可隨身攜帶，在上學的路上或上廁所時拿出來看。

當然，這些是與你「不合」的東西，或許並不容易記住，但只要一再地讀，不知不覺就會變成「相合」的東西，固定在你腦中了。只要持續這種努力，不知不覺地就能牢記，能不以為苦地累積正確的記憶了。

74 容易忘的可以寫在問題集的前幾頁

如先前所介紹的，要記「不合」的事物時，可以作成專用筆記本，但若考期迫近，沒有這種優閒心情時該怎麽辦呢？

這時就不妨寫在當天所做問題集的前幾頁，這樣一做到這一頁時，就可多花一點工夫再檢查一次。

考期迫近時，常常無法對一件事情重複做好幾次，這時用這個方法就可以省下許多勞力，同時也具有「戰略」的效果。

這是記一件事情時，要一個月不忘和一個禮拜不忘所需勞力的本身就有差別的緣故。

也就是說，在考前一個禮拜對一件事不必太執著，以前要重複記十次的東西，現在記兩次就足夠應付考試了。如果這樣還是記不住，就表示是極度「不合」，最好把它記在「備忘筆記本」上。

75 在日常會話中加入英文單字，就能正確地記住了

戰後，大量的外語（尤其是英文）流入本國語中，這已是不爭的事實。因此，即使在日常會話中夾雜使用英文，也不會讓人覺得奇怪。

利用這種現象，在日常會話中也活用自己所學的英文，是使記憶確固的有力方法。如果怕被人認為怪異，就不妨和朋友「協定」，互相刺激做這種練習，這樣做起來就輕鬆多了，而實行時，從我們經常所使用的英語開始就可以了。

不過，這些用語的意義多半都沒有被人正確地理解，例如，paradox, anachronism, dogma, pedantic, logic, authority, orthodox等，你都明白它們正確的意義嗎？

因此，當你在使用這些辭時，要一邊想怎麼拼，並自問：「真正的意思是什麼？」例如當你說：「那人是科學的authority」時，就清楚了解 authority 最主要的意思是「權威、威信」，使原本含糊記得的單字因為實際使用而能正確記住。習慣這個方法後，就可以在日常生活中說英文了。當然，也必須留意這麼做時，反而會使英文變得不明顯，而記憶變淡。

此外，如果不實際說出口，也可以邊走路邊思索，將腦中所想的轉換成英文。

如此一來，就可養成用英語思考的習慣，這是要使英文練達不可或缺的條件，具有一石二鳥的效果。

76 英文作文和古文以「反方向」來記，更能確實記住

我曾問過一位完全不用參考書，只用教科書的高中生，看他成績優秀的「祕訣」何在。他的學習法一言以蔽之，就是所謂的「逆向學習法」，巧妙地運用了記憶的原理。茲以英語為例，為各位介紹如下。

首先，他將教科書裡的文章每隔一行地抄在大筆記本上。然後，對不懂的單字和成語，用紅線勾勒出來。接著，在另一頁上也是每隔一行，大致是與英文相對應的方式，將文章翻譯出來。第二天，把這本筆記帶到教室去，上課時便集中訂正翻譯錯誤之處，回到家後再好好地活用這本筆記。有時，他光看翻譯就能想出英文來，或是由英文翻譯成正確的日文，在學習日文↓英文上所花的時間，共是七對三之比。

的確，學習英文時每個人最苦惱的就是英文作文。上課時多半是由英文進入日文，結果由日文要進入英文時就常覺得很困難。他深知這個弱點，光用一本教科書就徹底地遮掩過去。而我較感興趣的不是他將重點置於英文作文上，而是他的學習法也和心理學的想法一致。

學習心理學有個「記憶回想的難易依記的先後為據」此再生傾斜的法則。例如，許多人的英文解釋較英文作文好，這是因為由英文學日文乃是學習英文的主流。若能反其道而行，就能加深對英文的理解，使記憶確固，結果便能提升英文整體的成績了。單字卡也可以運用此原理反面使用，或像撲克牌一樣改變順序來記，這樣記憶就會穩固了。

其他科目也是同樣的。如古文，由白話來想古文；如歷史，在背誦一七八九年發生法國大革命的同時，也反過來自問法國革命是那一年發生的；又如數學的公理和公式，要追溯其形成過程的理由也在於此。這個方法的效力如何看他的成績就可以明白了。

77 為免重蹈學習初所犯的錯誤，可休息一下改變流程

我有一位朋友在讀小學時，看到哥哥弄錯了就說：「是眼睛的錯覺喔！」結果哥哥笑道：「錯覺怎麼會是眼睛的關係，說是眼睛的錯覺很奇怪喔！」之後，他就不再說「眼睛的錯覺」這句話了。「雖然頭腦明白，但是感覺錯誤」，像這樣，如果最初就記住了錯誤的東西，以後就可能固定化了。尤其是在學習的初期，記錯或搞錯的事情很多，我就認識一位學生將「遊」右邊部分記成「放」，結果上高中後還是一直無法改正。也就是說，學習之初記憶的固定會一直留下來。

「正確記憶術」②

不懂要領的話，能正確記住的東西也會記不住。

想保持正確記憶的話，與其熬夜還不如小睡一下。

常犯錯之處刻意再犯，正確的記憶就能根深蒂固。

一字一句都能記住的

對類似的固有名詞首先要明辨其差異再記。

容易遺忘的可整理成「備忘筆記本」，反覆翻閱。

不僅是國字，像英語單字的發音、拼字等如果一開始就記錯，而且以後又不斷重複這種錯誤時，不要前進，暫時休息一會，否則這種錯誤就會固定下來，不容易消失了。過了一會再度挑戰，這時就會意識到這是新的「開始」，讓壓抑先前記憶的「順向抑制」發揮作用，這樣就能正確記住了。

78 數字也具有意義時，就能正確記住了

有人電話號碼只聽過一次就會記住，但也有人連自己公司的電話號碼都會忘記，這問題不在於頭腦的好壞，而在於記憶的方法。能把數字牢牢記住的人不會把數字單單當成符號，而會賦予它某種意義。

像有些孩子對棒球打擊率○・三五四這麼高度抽象的數字，只聽過一次就記住了，因為那是自己所喜歡選手的打擊率的緣故。像一八六八這個電話號碼或許很難記，但對歷史有興趣的人都知道這是明治維新的年號，因此也就能輕鬆地記住。對背誦歷史年號深以為苦的人不要硬記，只要賦予它某種意義就能立刻記住了。

又如要記住神聖羅馬帝國崩潰的年代一八〇六年時，若能明白前後的相關事件使其有意義時，就會變成具體性的數字而記住了。不擅於記數字的人就是因為怠忽了這個過程，而只

是一味硬記的緣故。若能將數字和自己所喜歡的事物相關連，使其有意義的話，一定能順利記住的。

79 將熟悉的東西擺在身旁，記憶就能順利出入了

在『只有考取者才知道的考試祕訣』一書中我也提及，考試當天最好穿著平時常穿的衣服，帶著用慣的筆記用具。即使只是一塊橡皮擦，不僅讓你感覺便利，也因為這是你自己的一部分，會使你心理平靜下來。

記憶時也是如此，身邊擺著自己所熟悉的東西，很奇怪地心情就會和緩下來，並且能牢牢記住。畢竟，當心情愉快時做什麼都順利。

在美國就曾有這個實驗，讓剛進小學的學生一組帶著自己所喜歡的毛毯學習，另一組則什麼都不帶，比較兩組的記憶結果。

毛毯或洋娃娃等愛用品就相當於自己的化身，在心理學上稱為「延長自我」。藉此就能擴大自我，感覺到自己能自由活動的範圍擴大了，像是回到家一般。在愛用品溫暖的保護下，緊張感清除，也就能促進記憶了。

而這點對記憶的回想也有幫助。回想當時把愛用品擺在身旁學習的情形，利用此關連就

能回想起所記住的東西了。愛用品實在具有使記憶再生的機能。

當時間緊迫，明天早上以前一定要記住的時候，緊張常會壓抑記憶。這時，把自己熟悉的東西放在書桌上就能放鬆心情，能更有效地利用短暫時間。

80 將經常弄錯的刻意弄錯，就能正確地記憶了

前面談及，像拼字等常常弄錯時，要暫停休息一會兒，在此再為各位介紹一則看似矛盾，卻是很有效的糾正錯誤法。或許有人看標題會覺疑惑，但美國心理學家當拉普曾證明，始終犯錯而感困擾時，若刻意犯錯再記住最後就不會再犯了。他以前總將定冠詞the打成hte，而感到非常苦惱，雖然以普通速度來打能打得正確，但倉促之間就會立刻打錯。為了訂正這個錯誤，他對自己說絕對不能再犯了，然後故意打hte，打滿半張打字紙。後來他又持續這個錯字練習，三個月後便完全不再犯了。

對此，他自己也感到很驚訝，或許只適用於自己吧！然後他再讓速記學校的學生做同樣的實驗，結果證明了這種刻意「弄錯」的練習比改正練習更有效。

依常理來想，練習過多的錯誤時，可能會成為記憶固定下來，但結果卻完全相反。

將不適合學習目標的動作，也就是錯誤動作故意拿來練習，藉此與適合學習目標者嚴加

區別，結果就只留下了適合目標的動作。

記憶當然是要記住正確的，但是如果一直搞錯的話，就試著刻意搞錯，反而能使正確的記憶固定下來。學英文時不妨活用這個方法，將可替你開出一條活路來。

81 在房間裡貼便條紙，只要記住此處就容易回想起來

古希臘、羅馬的雄辯家常以滔滔不絕的演說來娛樂聽衆。當時並沒有現在這種筆，所以他們是專靠某種記憶法來記住演說內容的，只要加以熟練，就有成為雄辯家的條件。這種方法就是將演說內容和自家部分相結合來記憶，例如，演說的開頭和寢室、中央和起居室、結尾和玄關等相結合。這樣要回想演說內容時，只要想起住家格局就可以了。

這個方法也可以活用於學習上。就是在房間裡的各部分貼上紙，藉由位置的連想來記憶。例如，想記住英文單字的接頭辭時，就把寫著接頭辭的紙貼在各處；將有「超越」意思的super-, extra- 貼在天花板上；有「下」意思的sub-, de- 貼在書桌最下一層的抽屜；前面牆壁上則貼pre-, pro-ante-（「前」）；後面牆壁上貼post-, re-（「後」）；房門外側貼ex-（「外」），這樣每當看到這些紙片時，就能立即映入眼簾裡。

如果遇到了postwar這個字，一時你可能會不知道是什麼意思，但只要想起貼在後牆的

post-，「後＋戰爭」，就可以推定是「戰後」了。又如subconscious這個長單字，不要慌張，sub-是在桌子下，conscious是「意識的」，這樣就想到是「意識之下」，即「無意識」了。當然，這也有例外情形，不能一概而論，但有點線索總是比較有利的。

古代賢人所用的記憶術雖在現代，也能使我們大量地增加正確的記憶量，不妨多加利用。

82 要正確地記住複雜事物時，個條書寫較易記住

我經常有機會接受雜誌記者的訪問，看記者如何做筆記，我就可以立即判定這是不是好的記者。好的記者邊聽我說話，邊在自己腦中彙集，再以個條書寫的方式整理記成筆記。相反地，能力較差的記者就一直盯著筆記，想要一字不漏地記下我所說的話。

說話的速度和書寫的速度原本就有差，一有漏寫的就重新發問，實在很麻煩。當然，也有的記者只是隨便記記而已。

個條書寫的記者事後再看筆記時，就可以井然有序地想起談話的順序；雖然沒有逐字記錄，卻能正確地把握內容，因此便能做頗有深度的報導。不個條書寫的人一稍有遺漏，便有不成脈絡之虞，因此事後還要再打電話問我，聲稱是為了「追加材料」。

記憶也是一樣地，內容較複雜的應該先以個條書寫的方式整理好，藉此而形成容易記憶的形式。這樣要回想時，腦海裡先浮現個條的形式，然後分別有機地結合便能想起來了。即使有部分遺忘，但大綱並不會錯，所以堪稱是「確實的記憶」。

或許有人會說：「這樣太花時間了。」但執著於眼前的利益，就好比是光釣沒什麼用的小魚，卻讓大魚漏網而逃一樣；全部記住是很好的，但要回想時就可能只想起沒必要之處。個條化時間的流失應該可由「正確記憶」的結果充分來彌補。

83 想記住許多事物的名稱和順序時可與行經道路的特徵相結合

美國的家庭主婦每週一次上超市購物時，都會在紙片上列出預定購買的清單，從架上取得物品後便逐一畫去，以防止衝動性的亂買，不過在我停留美國的期間，也看到有人沒列出清單，卻也絕不會亂買的情形。

她所採用的方法是在自己經常散步的路上設定幾個點，將預定購買的物品填入各個點。例如，牛奶↓麵包↓香蕉↓香煙……，想依此順序購買時，首先想像冰箱裝滿牛奶瓶的情景，然後想像在門口的階梯上放著法國麵包，接著在林蔭道大尤加利的樹上不知怎地長了串串的香蕉，之後，在第一個轉角處的老屋，煙窗正冒著煙……等。

這樣一來，踏入超市時便開始「心靈散步」，就能想起每個點的物品來了。正因為和自己經常行經的道路特徵相結合，所以就不易忘了。

這種將場所和須記住的事物相結合的方法，在先前也介紹過，如果能習慣使之日常化的話，歷史事件和歷代皇帝、總統、將軍等的就任順序就能正確記住了。

84 對容易弄錯的固有名詞，可運用「百里不同風，千里不同俗」的原則

讀中學時，西洋史是我拿手科目之一，不過其中也有我經常弄錯的地方，就是國王的名字。英、法、德、西班牙等所謂西歐列強諸國的歷史，在這些專制王朝裡，常有名字相同的國王出現。像查爾斯，是出現最頻繁的；此外還有從一世、二世，到九世、十世的王朝，相當混亂，而且好幾個國家都有這種情形。

為了要解決這種混亂、複雜的情形，我便想出了一個方法。教科書把每一個國王都寫成查爾斯，但所謂「百里不同風、千里不同俗」，應該不是全都相同的。得到這個靈感後，我便立刻翻閱哥哥的德語和法語辭典，結果查出了德國是稱為卡魯魯，法國稱為夏魯魯。後來又知道西班牙文是卡爾洛斯，使我不禁拍手叫好。

當然，我立刻就利用這個方法來記憶。例如，以前經常會搞錯的「查爾斯一世」，包括引導法國走向繁榮的查爾斯一世，建立西班牙絕對王制的查爾斯一世，以及接受「權利請願書」的英王查爾斯一世三人，運用這個方法後就知道西班牙是卡爾洛斯一世，法國國王是夏魯魯一世，這樣就不會弄錯了。

除此之外，還可查閱其他的人名，如「菲利普」，法國有，西班牙也有；像「威廉」，德國有，法國也有，真是不勝枚舉。

世界史的人名和地名容易搞亂，如果能找出區別的方法就很好記了。此外，各國的語言都有特殊的語感，也可由聽覺方面來區別，記憶就會更鮮明了。

第四章　大量記憶術

85 對自己說：「能記得住」記憶力便會大增

很多人認為自己的記憶力很差，理由多半是「我對數字很遲頓，連電話號碼都記不住」或「人名和臉對不起來」等。

當然，並不是說數字記不好就等於記憶力很差，或是名字記不起來就是記憶能力低。人天生就對數字、文章、名字等之「直接記憶」存在著個別差異，一種強，並不是全部都強；同樣地，一種差，也不是說全部都不行。

不過，這種差異是可藉由訓練來改善的。我曾對一名認為背英文單字很困難的高中生說，把單字大大地寫在紙上，背誦時邊叫道：「我記得住。」然後把紙摺成紙飛機，從房間扔出去。當然，紙飛機不斷飛到鄰家庭院裡也引起鄰人抗議，不過他的單字能力卻飛躍地進步了。

對記憶來說，最重要的就是要有能記住的自信。沒有自信時，腦細胞的活動就會受到抑制，細胞活動力減退便會使得記憶力遲鈍，心理學上將此稱為「抑制效果」。也就是會形成沒有自信↓腦活動受到抑制↓記不住↓更缺乏自信之惡性循環。

擁有自信並形成「良性循環」，就是記憶術的出發點。請想想看，孩提時的童謠你是不是毫不費力就能朗朗上口呢？朋友和親人的名字，想忘也忘不了；還有電話號碼，像自己家裡的和死黨朋友家的，尤其是女朋友的電話號碼，即使討厭記也會記住的吧！也就是說，當你決定「要記住」時，就能毫不費力地記住了。

當然，光有自信而不努力的話，對記憶力也是沒什麼助益的。古希臘人迪莫斯提尼斯有口吃的苦惱，卻成為大雄辯家，就是很有名的故事，他是累積了比別人更多倍的努力才擁有自信的。但是努力若不依循科學方法的話，就只會歸為泡影。

本章為各位介紹各種能大量記憶的方法，如果你有自信，那麼可以說就已經達成了「大量記憶術」的一半了。

86 思考記憶術本身就能使記憶力倍增

假設現在要記很多的單字，第一個字是 propose，這時，每個人首先想的就是要用什麼方法來記。有的人可能會在紙上寫好幾遍 p. r. o. p. o. s. e，有的人則會連想到結婚登記這件事；而用手指在空中寫 propose，也是方法之一。

像這樣，在思考要用什麼方法來記的過程中，對其內容和性質就能逐漸明瞭了。

以 propose 為例，從拼字、發音、意義到翻譯後的字義變化等，在思考記憶法的過程中就能互相產生關聯了。

這樣，該用什麼方法是最合適的就很明確了。從中決定一個方法，「就這麼記吧！」就能產生能記住的自信，而且也可能一次就記住許多。相反地，「用這個方法可能行不通吧！」猶疑不決時，就會產生雜念而無法集中，不用說許多了，就連一個單字都記不住的。此外，用易記的方法來記時就不容易遺忘。這是因為當腦中情報間的聯合順暢時，就能緊密聯合，也就不容易遺忘了。

常有人感嘆「好不容易記住的東西，一下子就忘了」，這就是記憶法錯誤所致，跟「健忘」一點關係都沒有。

87 只要有一個確實的核心，記憶就會跟堆雪人一樣地不斷增加

一般而言，被稱做專家的人對自己的專門範圍都能保持明確的記憶。像職業圍棋手，能很自然地把幾年前的棋譜復原；又如畫家，能牢記所見到的人的服裝和特徵，而重現於畫布上；歷史學家對歷史事實的如數家珍，也會令門外漢大吃一驚。但這些一流的人未必在記憶上就有特別的能力。

職業人士能發揮普通人所難以想像的記憶力，事實上，是在他們的腦中有某種確固的記

憶「核心」所致。因此，即使有新情報進入，也能與已有的知識相關連，而構成適切的位置。相傳莫札特年幼時，在別人家裡聽到某曲子，回到家後便能一絲不差地演奏出來，以往都說這是因為他是天才的緣故，但莫札特也是因為早已有音樂方面的正確知識才可能辦到的。像這樣，只要有穩固的核心，記憶就能如雪球般地增加了。

88 想記住的事情仔細觀察其特徵，就可以「大量記憶」

有時候讀參考書時，會突然發現眼前這頁像是從未讀過似地，結果便慌張地往前翻，檢查一下才發現前面幾頁的內容根本沒記住。

這就是一種所謂「放心」的心理狀態，對記憶而言，再也沒有比「放心」更危險的了。眼睛雖然看著對象，但心卻不在其上，這樣的話是根本不會記住的。即使不是很嚴重的「放心」，但光是漫然地讀也是進不了腦海裡的。如果真想記住的話，就要用心看著對象，也就是說，要仔細觀察、掌握其特徵。

有位小學老師想教學生認識金魚，便在桌上擺著裝有金魚的水槽，讓學生天天看這金魚。有一天，老師在水槽蓋上布，要學生不看金魚地把金魚畫出來，但是沒有一個人畫得正確。眼球、鰓、背鮨等各特徵的相互關係都畫得一團混亂。也就是說，雖然學生每天看著金魚，但事實上並沒有做任何觀察。

如果這位老師能教他們怎麼觀察的話，學生一定能畫得更正確了。

讀教科書和參考書都一樣，如果只是漠然地讀，事後是不可能正確地再生的。所以要先掌握特徵，詳細理解，然後進行關連的作業。這跟畫家直盯著對象看的道理是完全相同的。

觀察不充分、記憶未固定，要記很多東西是不可能的。且不管事後再怎麼想，都只能想起枝葉末節，重點卻全然想不起來。當你在考場上汗流浹背，拼命地搜尋記憶時，卻只能想起沒什麼用處的小東西，恐怕這時想哭都哭不出來了。

89 縱、橫關係明確的話，記憶就能倍增

以前我看電視的幼兒節目時對塡字遊戲深感興趣，例如，一個字的旁邊留有空格，要配合這字想出有意義的語辭來，然後再以這個字為基點，另創別的語辭來。

不僅是記文字、明白縱、橫位置的相關關係，對記憶量的增加能發揮特出的效果。例如，以前記本國史時都是按時間系列縱向來記，現在也可以試著注意橫向的關係。將本國史和世界史關連起來，用大的表來記憶。這樣，縱向的本國史和橫向的同時代的世界各國史，就能牢牢記住了。

或者，像歐洲有許多國王都叫查爾斯，要正確記住是很困難的。因此，不妨以查爾斯為縱線形成系列來記，這樣就能理解各王的差異，縱橫的關係位置也很明確了。這種以縱、橫交點來記憶的方法對錯綜複雜的歷史等科，能達到記憶量倍增的效果。

90 利用頭腦清醒的時間，就能集中、大量地記憶

我長年來都習慣在清晨四點到七點間工作，而這時的效率也很高。因此，當我必須專注思考、書寫時，就會在前一晚提早上床，黎明時就起身坐在桌前。或許這就是我「頭腦的規律」吧！

美國名記憶研究者哈巴特•波朗知道自己的女兒在清晨四點後數小時頭腦最清楚，於是每天早上必定在這時間叫她起床作作業。在敍述這件事的文章中他主張道：「對記憶而言，最重要的是要在這天什麼時候記。」

人類通常是晚上睡覺、白天起床，但頭腦的活動則另有規律。這規律因人而異，因此想要有效地大量記憶時，最好先發現自己頭腦的規律。而人腦的規律大致可分成夜型和白天型，因此夜型的人最好在半夜集中記憶，白天補眠；白天型的人則應先睡儲備體力，清早起來再一股作氣地讀，這才是聰明的方法。

91 最初慢吞吞，之後快速前進是大量記憶的祕訣

我以前讀高中時，對必須記住的英文單字會先排列出來，考慮記憶所花的時間量後再分配時間，而且最初的十分鐘只記二～三個字，接下來的十分鐘再記四～五個字，然後就能一舉記住十個字，以漸增的方法，就能記住平時所想像不到的單字了。

今天回想起來，原本不過是因為一開始記不住太多的單純動機罷了，但學了心理學後，才知道這個方法相當有科學的根據。

學習之初因接受學習內容的記憶基礎還未立好，所以常會出錯；但當基礎穩固時，就可以集中地大量記憶了。

且初期時就想努力記憶的話，錯誤一再重複，這種錯誤反而會強化，不僅效率差，錯誤且有固定的危險。因此，剛開始時要慢慢地，當「記憶的基礎」穩固後再一氣呵成才較有效。記憶就像跑馬拉松，雖然有時間的限制，但太早用盡能量只會造成反效果。

92 只要與快樂的事情相結合，記憶就沒有限度

要中、高、大學生以「內心最深刻的記憶」作文時，寫的多半是快樂的事情。人自幼就經歷各種體驗，但一般而言，悲傷、痛苦的事情容易忘記，快樂的事情則容易留存於記憶中。精神分析之祖佛洛依德曾說：

「威脅到自我（Ego-threatening）的事情會被壓抑到無意識世界中，很難上昇至意識層次。」

我們偶而夢見的「黑暗記憶」，就是這種受無意識支配的世界。

慮及人類的這種精神活動，就可以知道想大量記憶時，盡可能與快樂的體驗相結合就較易記住。

像討厭的化學分子式，苦著臉來記的話，很快就會落入無意識的世界。但如「二氧化鐵」，回想初次讀鐵腕阿達姆時的感動；又如「氯化鈉」，想起朋友錯把鹽放入咖啡裡喝的笑話等，記憶就成了一件很快樂的事。

像這樣，包著快樂糖衣的知識不管有多困難，都能很快地進入腦海裡的。

「大量記憶術」①

「少量學習法」會使能大量記住的都記不住了。

將想要記住的語彙串成「故事」，就能一次大量地記住。

在頭腦清醒的時間集中記憶，就能一氣呵成地記住。

一網打盡全記住的

剛開始時慢慢地，之後再大量地記，才是大量記憶的祕訣。

對自己說：「能記住。」這種自我暗示也能增加腦的記憶容量。

93 須同時大量記憶時，先從易記的開始

我很喜歡吃中國菜，但是如果所有的菜都全端到大圓桌上，即使對我說：「請吃。」我也沒什麼胃口。若是一盤盤端出來的話，我就會食欲大增，期待著「接下來會是什麼菜呢？」並且吃得津津有味。

記憶也是如此，如果許多材料一併出現在你眼前，恐怕你都會不想記了。以菜來說，你可能只會吃一點，其餘的就不吃了，但考前無論如何都得記住才行，所以一定要去除厭煩這種妨礙記憶的要因。

不要把必須記住的東西全部擺在桌上，只要拿出小部分就可以了，就像一盤菜一個材料地來記。材料多的話，其中一定會有較容易記的，像以前做過的數學題，音節較少的英文單字等，找出這些較簡單的材料先記。

記住這些簡單的材料後，就可以很容易地衝破障礙了。這就好比田徑賽時的助跑，助跑充分時就能使人產生自信，向目標邁進，也就能締造佳績了。

此外，當你挑選較簡單的來記時，不知不覺地就會消化盡淨，待你回頭一看時，「已經到這裡了」心頭負擔為之一輕，也就能一氣呵成了。「還有這麼多」與「已經到這裡了」，

當然後者效率更高。

光注意簡單的材料，去除厭煩的心情，之後只要努力往前即可，這就是在短時間內消化大量材料的祕訣。

每當我做自己不感興趣的工作時，就會先拿起自己所喜歡的心理學的書來讀，等到心情愉快時再開始工作，結果意外地工作就進展得很順利。去除因質與量所產生的厭倦感，減少量改變質，看似繞遠路，實際上卻是個捷徑。

94 背誦時先全部整理一遍後再記

最近，學校對語文教學都很少要求學生背誦文章。這是因為認為背誦＝「全部暗背，「擔心」學生會無端浪費精力的緣故。但是只要背誦得宜，這也是適合於現代的有效學習法。不必全部暗背，只要掌握全體的意義就可以了。背誦的方法包括集中背誦法和分散背誦法，其中前者較具效率，也是確實的方法。

例如，要背誦「父子有親、君臣有義、夫婦有別、長幼有序、朋友有信」，以「集中背誦法」來記時就是從頭至尾整個地記，掌握整體邏輯的順序和文脈，就像一條線貫通似地，所記的就能進入腦中，也不用擔心會有部分脫落了。

相對地，「分散背誦法」是將文章分成幾個段落來記，如先背「父子、君臣、夫婦、長幼、朋友」，再背「有親、有義、有別、有序、有信」。這時，因為整體被切割，所以很可能會遺漏其中一部分。

但是如果背誦內容太長時，「集中背誦法」就不實用了。一般而言，要背誦無意義、無關連的記憶材料時，以十～三十個；背詩和散文時，以十～三十行，就達到了記憶的界限。因此，超出界限時分成段落來記才較有利。

95 背誦時間以多於閱讀時間四倍最為有效

背誦能力隨年齡而有很大的差異，年紀越大背誦能力越低。學習外文時，年紀越大進步越慢，其原因之一就是背誦能力的減退。

我在中學時所背誦的文章至今還記得很清楚，或許對我現在的寫作有些助益。也就是說，年輕時所背誦的多能長久存留下來，化為血肉般的知識。

考試時多半沒有任何暗示，也就是在全然沒有線索的狀態下要求再生，因此，記憶明確固定的背誦當然很有幫助。

那麼，該怎樣來背誦呢？關於這一點，學習心理和記憶研究專家蓋茲做了以下的實驗。

要受試者在九分鐘內記住十六個無意義的字，並分成所有的時間都讀出來的組、五分之三時間讀出來，五分之二時間背誦的組，以及讀五分之二、背五分之三的組，和讀五分之一、背五分之四的組，觀察其記憶成果。

結果，背誦時間越長的，記憶量越多。第一組全部讀出來，記憶量為三五％；相對地，最後一組背五分之四時間，記憶量高達七四％，增加了二倍之多。

不僅如此。四小時後，第一組只記得一五％，最後一組則還記得四八％，將近一半。也就是說，其差距會隨時間而擴大。

由此可知，背誦時間越多不僅記憶量越多，所記住的也能保持長久。蓋茲的實驗顯示，讀「一」背「四」時，效率最高。

常有人說：「英文不好背。」但這只是一種成見。英文有它獨特的規律和節奏，只要反覆地背誦就能很快地記住了。

96 運用想記住的辭為創作題材，就能一口氣地記住

如前面所敍述地，零亂的知識不易記住。必須大量記憶時，先整理後再記效率較高，且容易固定下來。

因此，古人就常用以下的方法，就是將想記住的言辭納入一個文脈中，創造出一個故事來，在整體的流向中來記。

這時，第一就是要創造個無聊的故事來。古人曾說：「人一般對尋常的事都記不住，但對奇特、不可思議、脫離常軌的無聊事情卻能記得很久。」異樣的事情反而能記憶深刻。

第二，先前也說過，就是要使其印象化，就像播放電影一般。譬如單字，要使其轉換成容易想像的東西，然後將這些印象連接起來創造成故事。也就是說，像動畫一般，將無聊的情景連接起來形成一篇故事來記。

例如，要記住tree（樹）、airplane（飛機）、submarine（潛水艇）、telephone（電話）、automobile（汽車）、squirrel（松鼠）六個字。

這時，腦海裡浮現了大樹（tree）張開樹枝，向空中伸展的情景。接著不知怎地，這棵樹像火箭一樣地上昇，根部啪啪作響，露出了地面。最後，樹木在空中飛舞，像飛機（airplane）一般地飛走了，根部的泥土則散落一地。

大樹飛到了海上突然墜落，然後化成了黃色潛水艇（submarine）。潛艇中黃色電話（telephone）鈴鈴作響，但是沒有人接電話。突然，潛艇的後端跑出了一輛汽車（automobile），汽車照後鏡不斷伸展抓住了聽筒。接著從聽筒中跑出了一隻松鼠（squirrel），它鑽進了汽車駕駛座，最後便開車揚長而去了。

實驗顯示，這種故事化法比起零散的記憶能保持七倍以上的時間，因此極適於用來記住英文單字和歷史事件。

97 採用「風一吹，桶店就賺錢」的方式，就不容易遺忘

人類的連想有許多種，而最突出的應該就是「風一吹，桶店就賺錢」。它的過程是風吹↓灰塵飛揚↓路人眼睛受傷↓變成了瞎子↓靠彈奏三弦琴維生的人增加了↓貓被殺，皮用來做三弦琴↓貓減少，老鼠增加了↓老鼠弄壞了桶子↓訂購桶子的人增加了。就像接龍一樣，連想的環不斷增加，而發展成與原本話語無關的鎖鏈。

其中八個關鍵字風、灰塵、眼、瞎子、三紘琴、貓、老鼠、桶店若不編成故事來記的話，要按順序記住是很困難。

拜此看似非常識連想之環所賜，一次就可以完全記住了，且只要想起其中一個就可以輕鬆地串連了。記憶的接龍是記住豐富的情報，並使其再生的絕佳手段。

編造這個「連想環」或許很辛苦，但你們既被稱為感覺世代應該能做出優秀作品的。而且這個方法的優點是一旦作成了就成了自己的原則，要忘都忘不了。請你一定要試試。

「大量記憶術」②

「少量學習法」會使能大量記住的都記不住了。

學習前利用音樂放鬆心情，能使記憶大增

想同時記住許多事時，先從容易的著手。

一網打盡全記住的

先擁有確實的知識「核心」，記憶就會像堆雪人似地增加。

與自己感到有趣、快樂的經驗相結合，再多都能記住。

98 各科目共同使用一本筆記本，可增加記憶量

看日本國中、高中學生的筆記本會發現，幾乎每一科目就用一本筆記本。上課時抄錄老師的講課內容，用這個方法還可以，但要整理知識並加以復習、記憶時，沿襲同樣的方法就值得深思了。筆記的用法會對記憶的存留情形造成很大影響，這點各位一定要知道。

記憶是個麻煩的東西，表面類似或外觀不同但質同等的東西聚在一起時，記憶的痕跡就會立即融合、同化，各個記憶便被吸收、埋沒，所以就很難再生了。心理學將此現象稱為「重疊效果」，而好不容易記住的東西卻想不起來，也就不具記憶的意義了。

想防止這種重疊效果的話，我建議各位多數科目共用一本筆記或單記本。例如，單字本一～一〇頁記英文單字，一一～二〇頁記數學公式，二一～三〇頁記社會科等，使其多樣化。若筆記本翻來翻去都是英文單字—發音—翻譯，恐怕光看就會令你歎息不已。雖然耐心地記，但因重疊效果的關係記憶受到抑制，時間花得再多也難見好的效果。

但做成這種多科目用的背誦筆記本，就可避免心靈的厭倦。所謂心靈的厭倦就是指在重複同一行動的過程中，喪失了達成目標的意欲，結果便會失去集中力。但筆記本內容若富於變化，眼前一變就能使你產生新的能量來，也就能記住許多事情了。

99 不想遺忘的事情可在特定環境中記

大部分的人失去了某件東西時，無意識中就會回到這件東西最後出現的場所去尋找。同樣地，要回想記憶時，只要想起記憶的場所也就能順利地回溯「記憶之線」了。

同樣地，對不想遺忘的事情在特定的環境中記較有效。當你從家中飛奔而出，搭上了第一班公車時，就可以在車上背誦。不要想記住全部的內容，有能喚起記憶的線索（cue）才是重要的。

100 剛開始學習時先用音樂放鬆心情，記憶量便會大增

當考期逼近時，我們就會焦急地想盡量多記，結果卻常常什麼都沒記住。

這是因為太過緊張時，頭腦的活動就會變得遲鈍，心理學也證實，人類的集中力在放鬆時是較高的。

因此，想增加記憶量的話，就必須用某種方法來去除學習時的過度緊張感才行。

這時，利用音樂就是方法之一。學習前可聽聽ＣＤ、錄音帶等。

當然，既是最後衝刺的時期就不必花數十分鐘聆聽冗長的交響樂，一般的流行歌曲一曲三～四分鐘，聽這個就夠了。

抑制心情的焦躁，使意識集中於音樂，這樣也可在不知不覺中摒除雜念。就用音響或錄音機來聽聽自己所喜歡的曲子吧！

這種利用音樂使心情轉換一事，運用於學習的節骨眼上也很有效。像一個科目持續學好幾個小時時，記憶就會有混淆之虞，這時就可以每隔一小時就聽聽音樂。這樣，原本充滿記憶情報的頭腦就可獲得鬆弛，而記憶的效率也就會大大提高了。

101 文科科目要全部重複好幾次，理科科目則片斷地來記

我們所說的背誦，其方法大致是整體重複數次的全習法，以及片斷地一一確定，一一結束後再整體來記的分習法，這對最後衝刺的學習也可做為一種技巧來使用。

就是像數學、物理等理科科目因為各單位分別獨立，所以可採用分習法；而歷史、英語等文科科目要整體掌握後才能得分，採用全習法就較有效。

像這樣，依科目的性格採用合適的背誦法，巧妙地利用這種技巧就可以有效率地背誦了。

102 大量記憶前先挑選重要事項來記，以形成軸心

有時會看到人對教科書和筆記本上的一字一句都仔細地、毫不遺漏地背誦。但請等等。像歷史這種科目，用這種方法只會使得頭腦爆炸而已。

這時建議各位先選出重要的事項，分散記憶，使其進入腦海中，然後再填補其間的縫隙。也就是說，對記憶製造差別後再來記。

以世界史為例，要記住古羅馬的事蹟時，應先掌握傳說中羅馬的建國（西元前七五三年）↓第一次迦太基戰爭（西元前二六四年）↓凱撤被暗殺（西元前四四年）↓渥大維就任羅馬第一任皇帝（西元前二七年）↓羅馬帝國分裂（三九五年）↓西羅馬帝國滅亡（四七六年）等大的「流向」，然後再於其間填補第二、第三次的迦太基戰爭、龐貝城被埋、基督教的廣傳等。

這樣當要重生時，腦海裡首先會浮現大的流向，接著細微的部分就能一一地串連起來，同時也能預防把時代搞錯的初步誤謬。如果時間不夠，只要採用這種「重要事項主義」，也就能安心地面臨考試了。

103 留心接續詞，就較易記住歷史的演變

讀歷史極端而言，就是學習事情的原因和結果。何種原因產生何種結果，其結果又如何形成原因，掌握此種因果關係就可以明白歷史的演變了。

以「聖德太子死後，蘇我一族掌握權勢」此事實為例，要明確地記住此「演變」時，就要注意其間的接續詞「聖德太子死後，馬子向推古天皇請求領地，但遭天皇拒絕。後來，天皇留下遺言讓位給山背大兄王便去世了。但馬子之子蝦夷等人卻計畫讓舒明天皇就位，殺害了大兄王」。

記接續詞時脈絡就會變得鮮明。一般接續詞都是居「從」位，而記事實間的關係時就居「主」位，事實居「從」位。只要牢記接續詞，即使忘了一、二個事實，大綱也不會弄亂；而且原因和結果藉接續詞結合起來，年代順序也就不會搞錯了。

104 將歷史做成年表和一覽表，比起片斷記憶更有效

我曾說用全習法來學歷史較有效，這是因為歷史的記憶完全是時代的演變，所以掌握一

大的根幹較有效。

經常有學生努力地想整個記住片斷的歷史用語，但現實問題是，不論是塡塞式或記述式，歷史演變才是中心所在。若不明白這種演變，不管記再多的用語，都無法找出適合問題的用語來。

此外，就記憶的構造而言，對片斷的知識也要分別賦予意義，這樣記起來才有效。例如，背一、二、四、八、一六…等數字時，如果硬背是很難記住的，若能找出其間的關連就很容易記了。同樣地，歷史潮流中有各種分流，把握這種流向，將片斷的用語關連起來，這樣記憶就會單純化，也就能很有效地背誦了。

這就好比一根樹幹分成枝、葉一般。具體來說，自己動手做年表、寫關係一覽表對學習歷史非常有效，更是考前重要的智慧。

105 教科書裡紅線畫太多，反而會降低效果

紅線與重要事項成為一體，使記憶於考試中再生，這是每個人都有的經驗。這種記憶再生的線索就是心理學上所謂的「提示」，每個人在無意識中都會做這種提示。但利用紅線以使記憶再生時，也有一項禁忌。常看學生在教科書上畫滿了紅線，但這樣紅線反而無法發揮

它原本提示的效力。

正因使記憶再生的提示在腦中留下了深刻的印象，所以重要事項和單字等記憶再生的對象就能浮現於腦中。

而這種提示過多時，就無法發揮提示的作用，不過弄得滿手汚穢而已。教科書中所畫的紅線應該維持在必要最小限度。

如果你認為全是紅線視覺效果就較弱，就不妨配合重要度、健忘度等加上藍、黃、綠等顏色。

106 卡片以一個項目分成數位來使用較有效

到圖書館找書時，我們所利用的線索就是索引卡。依日本十進分類法（ＮＤＣ），按哲學、歷史、社會科學……等主題別將卡片分類，找出自己所要的書是在那一項後，再抽出卡片。

此外，圖書館還製作了「書名索引」和「作者索引」二種分類卡，只要知道書名或作者就可以找到書。也就是說，一本書通常有三張卡片。

不僅是圖書館，電話本也依「人名」和「企業名」不同的分類法來整理，使人易於找尋。這個方法也可以運用在我們的學習上。

例如，日本荷蘭醫學的開山祖師杉田玄白，就可以將其做成一卡片。先做出記錄其業績和影響的「主卡」，然後從「主卡」中找出重點。像『解體新書』或『蘭學事始』等主要著作，及弟子「大槻玄澤」卡的內容，如果想不起來就儘快參照。也就是說，由一個記憶的線索就可以連想此項目的全部內容。

107 在廁所、浴室裡擺一本書

火箭工學權威糸川英夫先生家中的浴室和廁所，隨時都會擺著書，而且每次讀完都會換成新的。當你一進去，不管喜不喜歡，在一定期間內，都會自動地和某書相遇，或許這就是糸川先生淵博知識的秘密之一吧！但這決非珍惜時間，為填補空白時間的消極動機。

一般而言，日本的住宅在構造上並沒有私人空間存在，其中能一人獨處的空間，只有浴室和廁所。一進入其中，人就能完全恢復自我，湧現安心感，甚至可以進行內省工夫。因此，集中力提高，即使是高難度的內容，也能慢慢地理解，並強化記憶。

我自己就經常把書和雜誌帶到廁所去，但倒未帶書進入浴室。儘管如此，我的頭腦卻能藉此靈活運轉，這是反覆記憶或自問自答的絕佳機會。

本書所列舉的幾個構想，就是我在浴室裡一一整理出來的。

尤其是要征服不拿手的科目時，這種浴室學習法和廁所學習術就能發揮效果。這些場所並非你不喜歡就可以不去的，因此，每天你都會被強制地接觸其中所擺的書。反正也沒別的事，即使不喜歡，也會拿起書來隨手翻翻。這樣久了以後，就會產生情感，不知不覺就能讀完一本書，不拿手的科目甚至可能變成拿手科目了。

第五章　防止遺忘記憶術

108 忘了時不要拼命地去想

考試時忘記答案的確是一件悲劇。明明知道卻想不起來，心情焦躁地腦中一片空白，時間一分一秒地過去了，眼前仍然是茫然一片。聽到鐘響交了卷後，翻開書來看，不禁氣得直跺腳。

遺忘就是這樣，雖然你集中心力思索所遺忘的事情，卻還是想不起來。例如，你忘了傘放在那裡，這時首先要追溯記憶線「最後在什麼地方？」依序回想自己在此之前的行動。「我拿了傘到A去，然後到了B，這時傘就不見了。那麼……」逐漸逼近核心。「這麼說，我離開A，搭上了電車，傘就擱在架上，對了！」而想起是遺忘在什麼地方的。

也就是說，從時間的經過和空間的移動等周邊狀況思索起，來確定遺忘物的場所。

讀書、考試時若有遺忘，也可以運用這個方法，這可說是回想的最佳方法。不是直接想起所遺忘的事情，而是從周邊開始尋找線索。

例如，中學理科有這麼一個問題，「北天星是以北極星為中心偏左，以一小時□度的比率移動，這是受地球自轉影響的緣故」，□中的度數是一五。如果一時忘了，就可以從周邊地球的活動和天體的年周運動等記憶開始想，不要拘泥於□。跟找傘的要領相同，一步一步地對準焦點。如果能想起在學習北極星等恆星的日周運動前的記憶，就很容易想起來了。

為遇到萬一時能順利採取這個方法，記憶時就應採取容易回想的記憶法。不要這裡記一點，那裡記一點，應先建立系統，依序記憶。這樣要回想時，就能按順序輕鬆地回想起所遺忘的事情了。

此外，也一定要記住相關的事項，這個相關事項能防止遺忘。

考試時常因瑣碎的事情使頭腦一片混亂，如果學習時能建立系統，就能產生一定想得出來的自信了。

109 回想時光回想敘述事項的書頁

回想時最重要的不是直接想起所遺忘的事情，而是發現回想用的線索。因為記憶並非自身獨立被記住的，而是與其他事物有所關連，因此只要能發現一個相關事物，就可以接近之後所遺忘的東西了。像電影就有到殺人現場搜證的刑警因為發現屍體旁的頭髮，而因此解開整個謎團的情節，記憶的線索就跟這根頭髮一樣。

能成為有力線索的，首先就是書和筆記本中的空間位置關係。是在左頁還是右頁，如果是右頁，那麼是右上還是右下等，只要能發現線索就會立刻想起所遺忘的事情了。由教科書、參考書所印刷的標題、文字形狀、底線等一一搜尋記憶線，最後當你達到目的地時就會格外喜悅了。

此外，記憶時也要留意書上的插圖和照片，這也是回想時的絕佳線索。我很喜歡讀古書，尤其會先看插圖和照片，看照片中人物的裝扮等，充分了解書中的氣氛，使我覺得自己好像也回到了古代一樣。因為對書產生了興趣，所以理解也能深入，而讀時所感受的氣氛在必要時就能成為線索。

我中學時的經驗是這樣的，例如，平重盛和後鳥羽上皇的畫像出現在同一頁，從「帽子」形狀的不同我想起了重盛是在前面，就這樣棘手的歷史便得了滿分。

人類是視覺的動物，對空間位置等具有優秀的能力，尤其是垂直、水平、左右、上下、斜上斜下等主要的空間定位，都能自然地進入腦海裡。書上所沾的墨漬甚至能成為關鍵，使你突然想起鄰近的東西，這也是因為空間的位置關係能毫不費力地進入腦中所致。

記憶時若利用這種意識作用，也能有效地使記憶材料再生。即使是胡亂塗鴉，也不是愚蠢的行為。這種胡亂塗鴨會隨著記憶材料深刻於腦海裡，當你要回想時就能成為線索，而喚起鮮明的記憶。

110 一時遺忘時，試著念注意符號

對記憶而言，再也沒有比遺忘更麻煩的了！一旦想不出來時，就要用某些方法抓住回想的線索才行，不過遺忘時意識是陷落的，所以要抓住回想的線索也是不容易的。我中學時有一位朋友在考歷史時，竟然把連小學生也決不會忘的「朱子學」這個辭忘記了，他急得汗流浹背，考試結束前一刻他即時想出，才脫離了苦海。不過，他的方法倒是很棒！

他是怎麼想起來的呢？就是從「ㄅ」開始，小聲地念著注音符號。遺忘時的多半是如梗在喉，卻怎麼也想不起來，因此為了發現第一個字，他在口中喃喃自語，以刺激喉嚨，事後他說道：「當我念到ㄓ」時，很不可思議地就想起是ㄓㄨ。」這必是「ㄓ」這個音喚起了腦中某處的記憶吧！這個方法雖然未必每次都會成功，但無計可施時倒值得一試。

111 關連事項以圖示方式寫在大紙上較容易想起來

前面介紹過，考試時如果實在想不出來的話，就可以想想是寫在書頁的那一邊，以空間位置為線索來喚起記憶。

此外，也可以利用這個原理將所有的重要事項寫在大紙上，以視覺的方式圖示各事項間的關連。即以水平、垂直軸為中心，將各個事項用斜線、曲線、虛線等結合起來，或是分色。這個方法就跟都市工學等系統分析師所做的精巧圖表是一樣的。

然後把這張紙貼在牆上、攤開在地上，像是要將此印象直接印入腦中似地來記憶。接著閉上眼睛，確認整體的形象是否能浮現上來。如此重複數次後，即使閉上眼睛也能清楚地看到整張大紙的內容，這樣就成功地將情報於空間中整理完全了，而且回想時也能很輕鬆地想起來。

112 遺忘時應該先想整體的「形」

要記住哥倫布於一四九二年抵達美洲大陸這個年代時，通常是將哥倫布或美洲大陸之印象與此數學相關連來記。這可以說是記憶法的原理，就是理解內容的意義後才記。

但是如果一次就須大量記憶時，因記憶重疊的關係，想起的記憶被其他記憶壓制，結果便會陷入「明明知道，卻怎麼也想不起來」的遺忘狀態中。這時最有用的就是回想到底是什麼「形」，由型來進攻的方法。例如，八代將軍究竟是德川吉宗或德川綱吉，遺忘了這樣的細節時，不妨放棄以意義尋找關連的方法，而由「形」進入。只要記得「名字的正中央好像空空的」，就可以判斷應該不是筆畫較多的「綱」了。像這樣，記憶時也留心「形」，當你實在想不起來時，就可能發揮意外的效果了。

數學和文字在有意義以前只是個記號，幾何學模樣。想想幼兒開始對文字感興趣的時候，就是由形來記憶。滿一歲後，開始執著三角形和四角形，接著是數字「一、二、三……」等，都是由「形」來記的。也就是說，用手指數「1、2、3……」時，孩子不知道意義何在，而是由形的認識開始。

就人類感覺的發達過程來看，由「形」來記是屬於極早期的方法，但藉此卻能使記憶根植於腦中，而不易遺忘。例如，中學一年級學的英文單字little，相信沒有人會寫成rittre吧！這是因為開頭字是較高的，而中央的t是重複這樣的「形」深深印入眼簾的緣故。不要一個字一個字地，而以整體的形來記憶，就決不會弄錯了。

113 找出幾條「連想鎖」的交點來喚起記憶

前面說過，要使記憶確固就不要只用一種方法，而要用數種不同的方式來記。所謂記憶確固不用說，就是容易想起來的記憶。萬一遺忘或記憶含糊時，藉由反溯此記憶法就可以發掘出深埋的記憶了。

「防止遺忘術」

不知道這個方法的話，能想出的都想不出了

要想出遺忘的語句時，想想是寫在書上的那一頁。

將重要事項畫在大張紙上，事後就較易想起來。

一定能想起來的

依序默念注音符號，第一個字便能使記憶復甦。

想直接想起記憶的話，只會離它越來越遠。

也就是說，推測所記憶的大致是在那裡，再於其周邊由數個角度來製造相關事項的「連想鎖」。記憶原本就不是單獨進入腦中的，而是如先前所說地，在各方面製造關聯形成「連想鎖」，再編成網進入腦中。因此以圖示來說，就是在一條「連想鎖」及由別方向而來的「連想鎖」的交會處，就可以找出所遺忘的記憶。

例如，在英語的改錯題中有salmon（鮭魚）這個字，其複數型是否要加-s，如果記憶模糊，就可以想出一條「連想鎖」來，「英文的單複同形或不具複數形是什麼呢↓不可數的就沒有複數形↓不可數的就是抽象或經常群聚的東西↓魚經常成群游在一起」，這樣就可以知道salmon不用加-s了。

114 運用突發的奇想或有趣的連想所記住的知識不易遺忘

人類腦細胞的數目約有一百四十億個，相對地，須記住的知識量卻有無限，因此即使你想再多記一些，但到了某一個程度腦就會因過度使用而變得倦怠。這時，該如何讓不想再填塞的頭腦多記住些必要的知識呢？

就好像吃了許多油膩的食物肚子飽脹時，卻還能吃水果一樣，不要再生硬地填塞知識，試著運用奇想或有趣的連想來處理知識。例如，歷史書中有「百濟」這樣的國名，這時就可運用想像，將「管」和「喇叭」結合起來；又如「百濟乃三韓之一」，就可連想是「三管之一」。也就是說，讓吃得油膩膩的頭腦也能吃些清淡的料理。而連想越奇特，記憶就越深刻，也越容易想得起來。

115 用過的舊書有許多記憶的線索

在舊書攤的店面常見「舊書的骯髒值千金」這類的話。即使不是舊書，像字典、參考書等用過後就會變得骯髒，而你只要看到這些就能明白：「啊，這裡就是……」像留下咖啡味的是戰國春秋時代，留下墨水印的是貞觀之治時代等，用得越久就越有許多記憶的線索。

因此，由學習的效率來看，破舊的書最好不要隨意更新。

116 照片或插圖是很好的記憶線索

教科書和參考書中有許多照片和插圖，但這些不單是裝飾或參考資料而已，如果你這麼想就太糟踏了。先前曾提及，仔細觀察照片和插圖會發現到處都有記憶、理解的線索。我以前就有這樣的經驗，我看旅遊指南時發現照片中的車子都是舊型的，而確定這本旅遊指南所用的資料都過時了。又如讀書時，注意到圖畫中的馬丁路德和湯瑪斯・克倫威爾所穿的服裝很類似，因而深刻地記住了這兩人乃是同時代的人。

此外，看路易十六、路易十五、十四的肖像畫時，「路易十六世似乎很懦弱，或許正因為他懦弱的個性才被歷史潮流所呑沒吧！那麼，路易十五又怎樣呢？看他的臉好像得了巴塞杜甲狀腺腫，和旁邊的路易十四完全不同，書上說他是謹慎、討厭政治的人。路易十四也真可憐！十五、十六世也因缺乏政治能力，所以讓極盡榮華的波旁王朝毀於法國大革命」等，邊看畫像邊發揮連想，這樣既能加深對史實的理解，同時也能使其長久存留於記憶中。

117 重要處用紅筆寫得大大的，以加深印象

看學生的參考書和教科書，通常都用紅線畫滿了重點。

這是為要強調重要之處，但是畫紅線的效果還不及用紅筆寫字或畫圖。當然，未必要用紅色，書寫動作本身就能幫助記憶，這在心理學上是有根據的。但是特別重要的地方若想突顯出來，就最好用紅筆寫得大大的，這樣既可加強印象，又容易想得出來。

美國著名的智障兒教育博士格連・德曼在教幼兒寫字時，首先會教他們用紅筆大大地寫

身旁的人物，像爸爸、媽媽等字眼。

接著，表示身體部位的辭語，像眼、耳等就用稍小的字來寫；然後身旁事物的名稱再用黑筆來寫等，一個階段一個階段地進行指導。

交通號誌用紅色表示危險，就是因為紅色容易吸引人的注意，而這原理也可以運用在學習上。

此外，將黑筆換成紅筆這個動作本身就非常重要，具有不容忽視的提示自我的效果。

118 記住的東西還要再檢查，以使記憶正確

常聽人說：「再沒有比人的記憶更不可信的了。」典型的例子就是車禍現場目擊者的敍述。車禍發生後還不到幾小時，有的目擊者說：「行人看見綠燈亮要通過時，被藍色的小貨車撞個正著。」有的卻說：「不，是行人闖紅燈，而且車子的顏色是綠色的。」事後調查才發現，事實上有許多部分的記憶是不正確的。

像這樣，每個人對自己的記憶都很確信，但一問到細節時，記憶就突然變得模糊了。這種記憶的不確定是因直覺或先入為主的成見所引起的，而不正確的記憶使得事件延長，或走入迷宮的情形真是不勝枚舉，甚至有刑警感嘆記憶真是無勝於有。學習也是同樣地，與其記

憶方法錯誤，還不如不要記。

例如，在單字卡上將 high, tall, expensive 等全都當成「高」來記，但這三者雖是同義詞，卻各有不同的意義。high 一般是指「高處」，tall是「身高較高」的意思，expensive 則是指「價格昂貴」。如果一開始就記憶錯誤，要將「那座山很高」譯成英文時，就很容易錯寫成「That mountain is tall.」。如此一來，就等於根本沒記住。

對這種錯誤或許你會說是不懂英文的人才犯的，但是我們卻常常聽國人把「我家很窄」說成「My house is narrow.」，外國人聽了就好奇地問道：「這麼窄，你們是站著睡嗎？」這樣的笑話。正確的說法應該是「My house is small.」而 narrow 是「範圍狹窄」的意思。像這樣，在懂英文以前，若沒有正確記住單字就會出問題。

為了避免這個危險，即使是記住的東西也要經常檢查其內容是否正確。若怠忽這樣的檢查，錯誤的記憶就會逐漸被強化，同樣的錯就會一再地出現。對正確沒有自信的話，當然是很難想起來的，所以偶而也要嚴格地停止記憶才行。

119 以科學方法來記，長久都不致遺忘

有人將記憶定義成經驗留存於身體各部分，其形成的痕跡所引起的現象。這個痕跡是否

真能在腦形成科學的「刻紋」還不確定，但由解剖學、生化學、生理學等立場的研究仍持續著。如果記憶痕跡真能以「實體」被掌握的話，或許就能用藥物或手術來改良頭腦了。

現在，所謂記憶痕跡的存在還只是個假設，不過據心理學各樣實驗顯示，記憶的構造是相當明顯的記憶痕跡和足跡不同，不會隨時間而消逝。其證據就是孩提時的事情會宛如昨日記憶般歷歷在目，所受的打擊也會長久銘記在心；相反地，三分鐘前才記的事情隨即便忘的情形也屢見不鮮。

也就是說，記憶痕跡會變淡、改變、混亂，這是受記憶時的條件、記憶材料、記憶內容影響所致。為了防止這些情形，記憶時若能採取使痕跡保存的記憶法的話，就能形成相當強固的記憶了。

記憶具有某種法則性，截至目前為止，已有各種角度的檢討。若能正確地掌握這種科學法則性，在實踐上也就能開闢出以科學對應之道了。

120 考試犯錯之處一定要留下記錄

我認為考試除了能了解「明白的程度如何」外，也是了解「不明白的程度為何」的手段。考試能客觀地指出平時學習時所無法判斷的缺點和錯誤，因此不用說，事後的處置是比分數還重要的。但要嚴格檢查錯處，記住正確答案，對任何人來說都不是愉快的事情，因而常產生容易遺忘的現象。

為了避免這種情形，將考試的錯處當成義務記錄下來也是方法之一。例如，從考題中挑出寫錯的部分，按科目剪貼下來；或是準備一本「誤答記錄專用筆記」，左頁寫錯誤答案，右頁寫正確答案，時時翻開來看也很有效。

考試時的錯誤就好像記憶最弱的部分被挖出似的，因此時時不忘，以塡埋此弱的部分，就不會再陷落了。

打高爾夫球也是一樣的，同樣的賽程多進行幾次後，成績就能逐漸提升。這也是因為先前所犯的錯逐漸刻畫於腦中，因為愼重揮桿以免犯同樣的錯。我有一位愛打高爾夫球的朋友，當他成績不佳時就會謹愼檢討得分情形，思考犯錯的原因。因此再度比賽時，就能大大超越先前的成績。

檢討成績差的答案卷並加以記錄，這對自己是相當痛苦的事情。但反省記憶疏忽之處，強化自己的弱點，這個部分就可能反而成為你最拿手的地方。隨著征服了棘手科目，你也會更有自信，並對其他科目產生艮好影響。如果想逃避一時的苦痛和不愉快，事後反而可能會成為更大的苦痛再臨及你。

121 手勢、動作併用，記憶會變得深刻

常聽人說：「眼睛就像口一樣會說話。」當我們在說英文時，用手勢、動作常能發揮比口更好的效用。在人類進化的過程中，手原本就較口更早當成傳達意思的手段，因此用手來表達意思並沒有什麽不可思議的。這一點也可以運用在學習上。

像英文閱讀、國文的長篇文章、歷史上著名事件的描寫等，與其靜靜地坐在桌前讀，還不如站起身邊走邊擺手、轉頭，用身體表現來記憶較好。

122 一時忘了，敲敲頭也是喚起記憶的好手段

記憶雖是有系統地被記住，但不知不覺地也會自我運動而被腦埋藏。當你回想卻不容易想起來時，其原因多半是腦任意處理記憶，隨意將其排列所致。人腦既是巨大的資料庫，同時也是零亂的玩具箱，其中有井然有序的知識，也有雜然堆積的知識。

尤其是記憶全然抓不到線索時，就很可能像玩具箱那般地混亂，因此這時可藉著腦的暴發運動，強制搜尋出記憶，例如，敲敲頭等物理的刺激等。

總之，要給予腦細胞強烈的刺激。

這方法或許有些粗魯，但普通的手段不見效時就頗值得一試。記憶會在本人未察覺處連結，因此藉此常可發現自己所未知曉的部分。

大展出版社有限公司
品冠文化出版社

圖書目錄

地址：台北市北投區(石牌)
致遠一路二段 12 巷 1 號

電話：(02) 28236031
28236033
28233123

郵撥：01669551<大展>
19346241<品冠>

傳真：(02) 28272069

・熱門新知・品冠編號 67

	書名		作者	定價
1.	圖解基因與 DNA	（精）	中原英臣主編	230 元
2.	圖解人體的神奇	（精）	米山公啟主編	230 元
3.	圖解腦與心的構造	（精）	永田和哉主編	230 元
4.	圖解科學的神奇	（精）	鳥海光弘主編	230 元
5.	圖解數學的神奇	（精）	柳 谷 晃著	250 元
6.	圖解基因操作	（精）	海老原充主編	230 元
7.	圖解後基因組	（精）	才園哲人著	230 元
8.	圖解再生醫療的構造與未來		才園哲人著	230 元
9.	圖解保護身體的免疫構造		才園哲人著	230 元
10.	90 分鐘了解尖端技術的結構		志村幸雄著	280 元

・名人選輯・品冠編號 671

	書名	作者	定價
1.	佛洛伊德	傅陽主編	200 元

・圍棋輕鬆學・品冠編號 68

	書名	作者	定價
1.	圍棋六日通	李曉佳編著	160 元
2.	布局的對策	吳玉林等編著	250 元
3.	定石的運用	吳玉林等編著	280 元

・象棋輕鬆學・品冠編號 69

	書名	作者	定價
1.	象棋開局精要	方長勤審校	280 元

・生活廣場・品冠編號 61

	書名	作者	定價
1.	366 天誕生星	李芳黛譯	280 元
2.	366 天誕生花與誕生石	李芳黛譯	280 元
3.	科學命相	淺野八郎著	220 元
4.	已知的他界科學	陳蒼杰譯	220 元
5.	開拓未來的他界科學	陳蒼杰譯	220 元
6.	世紀末變態心理犯罪檔案	沈永嘉譯	240 元

7. 366天開運年鑑	林廷宇編著	230元
8. 色彩學與你	野村順一著	230元
9. 科學手相	淺野八郎著	230元
10. 你也能成為戀愛高手	柯富陽編著	220元
11. 血型與十二星座	許淑瑛編著	230元
12. 動物測驗—人性現形	淺野八郎著	200元
13. 愛情、幸福完全自測	淺野八郎著	200元
14. 輕鬆攻佔女性	趙奕世編著	230元
15. 解讀命運密碼	郭宗德著	200元
16. 由客家了解亞洲	高木桂藏著	220元

・女醫師系列・品冠編號 62

1. 子宮內膜症	國府田清子著	200元
2. 子宮肌瘤	黑島淳子著	200元
3. 上班女性的壓力症候群	池下育子著	200元
4. 漏尿、尿失禁	中田真木著	200元
5. 高齡生產	大鷹美子著	200元
6. 子宮癌	上坊敏子著	200元
7. 避孕	早乙女智子著	200元
8. 不孕症	中村春根著	200元
9. 生理痛與生理不順	堀口雅子著	200元
10. 更年期	野末悅子著	200元

・傳統民俗療法・品冠編號 63

1. 神奇刀療法	潘文雄著	200元
2. 神奇拍打療法	安在峰著	200元
3. 神奇拔罐療法	安在峰著	200元
4. 神奇艾灸療法	安在峰著	200元
5. 神奇貼敷療法	安在峰著	200元
6. 神奇薰洗療法	安在峰著	200元
7. 神奇耳穴療法	安在峰著	200元
8. 神奇指針療法	安在峰著	200元
9. 神奇藥酒療法	安在峰著	200元
10. 神奇藥茶療法	安在峰著	200元
11. 神奇推拿療法	張貴荷著	200元
12. 神奇止痛療法	漆 浩 著	200元
13. 神奇天然藥食物療法	李琳編著	200元
14. 神奇新穴療法	吳德華編著	200元
15. 神奇小針刀療法	韋丹主編	200元

・常見病藥膳調養叢書・品冠編號 631

1.	脂肪肝四季飲食	蕭守貴著	200 元
2.	高血壓四季飲食	秦玖剛著	200 元
3.	慢性腎炎四季飲食	魏從強著	200 元
4.	高脂血症四季飲食	薛輝著	200 元
5.	慢性胃炎四季飲食	馬秉祥著	200 元
6.	糖尿病四季飲食	王耀獻著	200 元
7.	癌症四季飲食	李忠著	200 元
8.	痛風四季飲食	魯焰主編	200 元
9.	肝炎四季飲食	王虹等著	200 元
10.	肥胖症四季飲食	李偉等著	200 元
11.	膽囊炎、膽石症四季飲食	謝春娥著	200 元

・彩色圖解保健・品冠編號 64

1.	瘦身	主婦之友社	300 元
2.	腰痛	主婦之友社	300 元
3.	肩膀痠痛	主婦之友社	300 元
4.	腰、膝、腳的疼痛	主婦之友社	300 元
5.	壓力、精神疲勞	主婦之友社	300 元
6.	眼睛疲勞、視力減退	主婦之友社	300 元

・休閒保健叢書・品冠編號 641

1.	瘦身保健按摩術	聞慶漢主編	200 元
2.	顏面美容保健按摩術	聞慶漢主編	200 元

・心 想 事 成・品冠編號 65

1.	魔法愛情點心	結城莫拉著	120 元
2.	可愛手工飾品	結城莫拉著	120 元
3.	可愛打扮 & 髮型	結城莫拉著	120 元
4.	撲克牌算命	結城莫拉著	120 元

・少 年 偵 探・品冠編號 66

1.	怪盜二十面相	（精）	江戶川亂步著	特價 189 元
2.	少年偵探團	（精）	江戶川亂步著	特價 189 元
3.	妖怪博士	（精）	江戶川亂步著	特價 189 元
4.	大金塊	（精）	江戶川亂步著	特價 230 元
5.	青銅魔人	（精）	江戶川亂步著	特價 230 元
6.	地底魔術王	（精）	江戶川亂步著	特價 230 元
7.	透明怪人	（精）	江戶川亂步著	特價 230 元

23. 二十四式/三十二式 太極拳/劍	闞桂香著	180 元
24. 楊式秘傳 129 式太極長拳	張楚全著	280 元
25. 楊式太極拳架詳解	林炳堯著	280 元
26. 華佗五禽劍	劉時榮著	180 元
27. 太極拳基礎講座：基本功與簡化 24 式	李德印著	250 元
28. 武式太極拳精華	薛乃印著	200 元
29. 陳式太極拳拳理闡微	馬　虹著	350 元
30. 陳式太極拳體用全書	馬　虹著	400 元
31. 張三豐太極拳	陳占奎著	200 元
32. 中國太極推手	張　山主編	300 元
33. 48 式太極拳入門	門惠豐編著	220 元
34. 太極拳奇人奇功	嚴翰秀編著	250 元
35. 心意門秘籍	李新民編著	220 元
36. 三才門乾坤戊己功	王培生編著	220 元
37. 武式太極劍精華＋VCD	薛乃印編著	350 元
38. 楊式太極拳	傅鐘文演述	200 元
39. 陳式太極拳、劍 36 式	闞桂香編著	250 元
40. 正宗武式太極拳	薛乃印著	220 元
41. 杜元化＜太極拳正宗＞考析	王海洲等著	300 元
42. ＜珍貴版＞陳式太極拳	沈家楨著	280 元
43. 24 式太極拳＋VCD	中國國家體育總局著	350 元
44. 太極推手絕技	安在峰編著	250 元
45. 孫祿堂武學錄	孫祿堂著	300 元
46. ＜珍貴本＞陳式太極拳精選	馮志強著	280 元
47. 武當趙堡太極拳小架	鄭悟清傳授	250 元
48. 太極拳習練知識問答	邱丕相主編	220 元
49. 八法拳　八法槍	武世俊著	220 元
50. 地趟拳＋VCD	張憲政著	350 元
51. 四十八式太極拳＋DVD	楊　靜演示	400 元
52. 三十二式太極劍＋VCD	楊　靜演示	300 元
53. 隨曲就伸　中國太極拳名家對話錄	余功保著	300 元
54. 陳式太極拳五功八法十三勢	闞桂香著	200 元
55. 六合螳螂拳	劉敬儒等著	280 元
56. 古本新探華佗五禽戲	劉時榮編著	180 元
57. 陳式太極拳養生功＋VCD	陳正雷著	350 元
58. 中國循經太極拳二十四式教程	李兆生著	300 元
59. ＜珍貴本＞太極拳研究	唐豪・顧留馨著	250 元
60. 武當三豐太極拳	劉嗣傳著	300 元
61. 楊式太極拳體用圖解	崔仲三編著	400 元
62. 太極十三刀	張耀忠編著	230 元
63. 和式太極拳譜＋VCD	和有祿編著	450 元
64. 太極內功養生術	關永年著	300 元
65. 養生太極推手	黃康輝編著	280 元
66. 太極推手祕傳	安在峰編著	300 元

67. 楊少侯太極拳用架真詮	李璉編著	280 元
68. 細說陰陽相濟的太極拳	林冠澄著	350 元
69. 太極內功解祕	祝大彤編著	280 元
70. 簡易太極拳健身功	王建華著	180 元
71. 楊氏太極拳真傳	趙斌等著	380 元
72. 李子鳴傳梁式直趟八卦六十四散手掌	張全亮編著	200 元
73. 炮捶 陳式太極拳第二路	顧留馨著	330 元
74. 太極推手技擊傳真	王鳳鳴編著	300 元
75. 傳統五十八式太極劍	張楚全編著	200 元
76. 新編太極拳對練	曾乃梁編著	280 元
77. 意拳拳學	王薌齋創始	280 元
78. 心意拳練功竅要	馬琳璋著	300 元
79. 形意拳搏擊的理與法	買正虎編著	300 元
80. 拳道功法學	李玉柱編著	300 元
81. 精編陳式太極拳拳劍刀	武世俊編著	300 元
82. 現代散打	梁亞東編著	200 元
83. 形意拳械精解（上）	邸國勇編著	480 元
84. 形意拳械精解（下）	邸國勇編著	480 元

・彩色圖解太極武術・大展編號 102

1. 太極功夫扇	李德印編著	220 元
2. 武當太極劍	李德印編著	220 元
3. 楊式太極劍	李德印編著	220 元
4. 楊式太極刀	王志遠著	220 元
5. 二十四式太極拳（楊式）＋VCD	李德印編著	350 元
6. 三十二式太極劍（楊式）＋VCD	李德印編著	350 元
7. 四十二式太極劍＋VCD	李德印編著	350 元
8. 四十二式太極拳＋VCD	李德印編著	350 元
9. 16 式太極拳 18 式太極劍＋VCD	崔仲三著	350 元
10. 楊氏 28 式太極拳＋VCD	趙幼斌著	350 元
11. 楊式太極拳 40 式＋VCD	宗維潔編著	350 元
12. 陳式太極拳 56 式＋VCD	黃康輝等著	350 元
13. 吳式太極拳 45 式＋VCD	宗維潔編著	350 元
14. 精簡陳式太極拳 8 式、16 式	黃康輝編著	220 元
15. 精簡吳式太極拳<36 式拳架・推手>	柳恩久主編	220 元
16. 夕陽美功夫扇	李德印著	220 元
17. 綜合 48 式太極拳＋VCD	竺玉明編著	350 元
18. 32 式太極拳（四段）	宗維潔演示	220 元
19. 楊氏 37 式太極拳＋VCD	趙幼斌著	350 元
20. 楊氏 51 式太極劍＋VCD	趙幼斌著	350 元

・國際武術競賽套路・大展編號 103

1. 長拳　李巧玲執筆　220 元
2. 劍術　程慧琨執筆　220 元
3. 刀術　劉同為執筆　220 元
4. 槍術　張躍寧執筆　220 元
5. 棍術　殷玉柱執筆　220 元

・簡化太極拳・大展編號 104

1. 陳式太極拳十三式　陳正雷編著　200 元
2. 楊式太極拳十三式　楊振鐸編著　200 元
3. 吳式太極拳十三式　李秉慈編著　200 元
4. 武式太極拳十三式　喬松茂編著　200 元
5. 孫式太極拳十三式　孫劍雲編著　200 元
6. 趙堡太極拳十三式　王海洲編著　200 元

・導引養生功・大展編號 105

1. 疏筋壯骨功＋VCD　張廣德著　350 元
2. 導引保建功＋VCD　張廣德著　350 元
3. 頤身九段錦＋VCD　張廣德著　350 元
4. 九九還童功＋VCD　張廣德著　350 元
5. 舒心平血功＋VCD　張廣德著　350 元
6. 益氣養肺功＋VCD　張廣德著　350 元
7. 養生太極扇＋VCD　張廣德著　350 元
8. 養生太極棒＋VCD　張廣德著　350 元
9. 導引養生形體詩韻＋VCD　張廣德著　350 元
10. 四十九式經絡動功＋VCD　張廣德著　350 元

・中國當代太極拳名家名著・大展編號 106

1. 李德印太極拳規範教程　李德印著　550 元
2. 王培生吳式太極拳詮真　王培生著　500 元
3. 喬松茂武式太極拳詮真　喬松茂著　450 元
4. 孫劍雲孫式太極拳詮真　孫劍雲著　350 元
5. 王海洲趙堡太極拳詮真　王海洲著　500 元
6. 鄭琛太極拳道詮真　鄭琛著　450 元
7. 沈壽太極拳文集　沈壽著　630 元

・古代健身功法・大展編號 107

1. 練功十八法　蕭凌編著　200 元
2. 十段錦運動　劉時榮編著　180 元
3. 二十八式長壽健身操　劉時榮著　180 元
4. 三十二式太極雙扇　劉時榮著　160 元

・太極跤・大展編號 108

1. 太極防身術　郭慎著　300 元
2. 擒拿術　郭慎著　280 元
3. 中國式摔角　郭慎著　350 元

・原地太極拳系列・大展編號 11

1. 原地綜合太極拳 24 式　胡啟賢創編　220 元
2. 原地活步太極拳 42 式　胡啟賢創編　200 元
3. 原地簡化太極拳 24 式　胡啟賢創編　200 元
4. 原地太極拳 12 式　胡啟賢創編　200 元
5. 原地青少年太極拳 22 式　胡啟賢創編　220 元

・名師出高徒・大展編號 111

1. 武術基本功與基本動作　劉玉萍編著　200 元
2. 長拳入門與精進　吳彬等著　220 元
3. 劍術刀術入門與精進　楊柏龍等著　220 元
4. 棍術、槍術入門與精進　邱丕相編著　220 元
5. 南拳入門與精進　朱瑞琪編著　220 元
6. 散手入門與精進　張山等著　220 元
7. 太極拳入門與精進　李德印編著　280 元
8. 太極推手入門與精進　田金龍編著　220 元

・實用武術技擊・大展編號 112

1. 實用自衛拳法　溫佐惠著　250 元
2. 搏擊術精選　陳清山等著　220 元
3. 秘傳防身絕技　程崑彬著　230 元
4. 振藩截拳道入門　陳琦平著　220 元
5. 實用擒拿法　韓建中著　220 元
6. 擒拿反擒拿 88 法　韓建中著　250 元
7. 武當秘門技擊術入門篇　高翔著　250 元
8. 武當秘門技擊術絕技篇　高翔著　250 元
9. 太極拳實用技擊法　武世俊著　220 元
10. 奪凶器基本技法　韓建中著　220 元

11.	峨眉拳實用技擊法	吳信良著	300 元
12.	武當拳法實用制敵術	賀春林主編	300 元
13.	詠春拳速成搏擊術訓練	魏峰編著	元
14.	詠春拳高級格鬥訓練	魏峰編著	元

・中國武術規定套路・大展編號 113

1.	螳螂拳	中國武術系列	300 元
2.	劈掛拳	規定套路編寫組	300 元
3.	八極拳	國家體育總局	250 元
4.	木蘭拳	國家體育總局	230 元

・中華傳統武術・大展編號 114

1.	中華古今兵械圖考	裴錫榮主編	280 元
2.	武當劍	陳湘陵編著	200 元
3.	梁派八卦掌（老八掌）	李子鳴遺著	220 元
4.	少林 72 藝與武當 36 功	裴錫榮主編	230 元
5.	三十六把擒拿	佐藤金兵衛主編	200 元
6.	武當太極拳與盤手 20 法	裴錫榮主編	220 元
7.	錦八手拳學	楊永著	280 元
8.	自然門功夫精義	陳懷信編著	500 元
9.	八極拳珍傳	王世泉著	330 元
10.	通臂二十四勢	郭瑞祥主編	280 元

・少林功夫・大展編號 115

1.	少林打擂秘訣	德虔、素法編著	300 元
2.	少林三大名拳 炮拳、大洪拳、六合拳	門惠豐等著	200 元
3.	少林三絕 氣功、點穴、擒拿	德虔編著	300 元
4.	少林怪兵器秘傳	素法等著	250 元
5.	少林護身暗器秘傳	素法等著	220 元
6.	少林金剛硬氣功	楊維編著	250 元
7.	少林棍法大全	德虔、素法編著	250 元
8.	少林看家拳	德虔、素法編著	250 元
9.	少林正宗七十二藝	德虔、素法編著	280 元
10.	少林瘋魔棍闡宗	馬德著	250 元
11.	少林正宗太祖拳法	高翔著	280 元
12.	少林拳技擊入門	劉世君編著	220 元
13.	少林十路鎮山拳	吳景川主編	300 元
14.	少林氣功秘集	釋德虔編著	220 元
15.	少林十大武藝	吳景川主編	450 元
16.	少林飛龍拳	劉世君著	200 元
17.	少林武術理論	徐勤燕等著	200 元

・迷蹤拳系列・ 大展編號 116

1.	迷蹤拳（一）+VCD	李玉川編著	350 元
2.	迷蹤拳（二）+VCD	李玉川編著	350 元
3.	迷蹤拳（三）	李玉川編著	250 元
4.	迷蹤拳（四）+VCD	李玉川編著	580 元
5.	迷蹤拳（五）	李玉川編著	250 元
6.	迷蹤拳（六）	李玉川編著	300 元
7.	迷蹤拳（七）	李玉川編著	300 元
8.	迷蹤拳（八）	李玉川編著	300 元

・截拳道入門・ 大展編號 117

1.	截拳道手擊技法	舒建臣編著	230 元
2.	截拳道腳踢技法	舒建臣編著	230 元
3.	截拳道擒跌技法	舒建臣編著	230 元
4.	截拳道攻防技法	舒建臣編著	230 元
5.	截拳道連環技法	舒建臣編著	230 元

・道 學 文 化・大展編號 12

1.	道在養生：道教長壽術	郝勤等著	250 元
2.	龍虎丹道：道教內丹術	郝勤著	300 元
3.	天上人間：道教神仙譜系	黃德海著	250 元
4.	步罡踏斗：道教祭禮儀典	張澤洪著	250 元
5.	道醫窺秘：道教醫學康復術	王慶餘等著	250 元
6.	勸善成仙：道教生命倫理	李剛著	250 元
7.	洞天福地：道教宮觀勝境	沙銘壽著	250 元
8.	青詞碧簫：道教文學藝術	楊光文等著	250 元
9.	沈博絕麗：道教格言精粹	朱耕發等著	250 元

・易 學 智 慧・大展編號 122

1.	易學與管理	余敦康主編	250 元
2.	易學與養生	劉長林等著	300 元
3.	易學與美學	劉綱紀等著	300 元
4.	易學與科技	董光壁著	280 元
5.	易學與建築	韓增祿著	280 元
6.	易學源流	鄭萬耕著	280 元
7.	易學的思維	傅雲龍等著	250 元
8.	周易與易圖	李申著	250 元
9.	中國佛教與周易	王仲堯著	350 元
10.	易學與儒學	任俊華著	350 元
11.	易學與道教符號揭秘	詹石窗著	350 元

12. 易傳通論　王博著　250 元
13. 談古論今說周易　龐鈺龍著　280 元
14. 易學與史學　吳懷祺著　230 元
15. 易學與天文學　盧央著　230 元
16. 易學與生態環境　楊文衡著　230 元
17. 易學與中國傳統醫學　蕭漢明著　280 元
18. 易學與人文　羅熾等著　280 元

・神算大師・大展編號 123

1. 劉伯溫神算兵法　應涵編著　280 元
2. 姜太公神算兵法　應涵編著　280 元
3. 鬼谷子神算兵法　應涵編著　280 元
4. 諸葛亮神算兵法　應涵編著　280 元

・鑑往知來・大展編號 124

1. 《三國志》給現代人的啟示　陳羲主編　220 元
2. 《史記》給現代人的啟示　陳羲主編　220 元
3. 《論語》給現代人的啟示　陳羲主編　220 元
4. 《孫子》給現代人的啟示　陳羲主編　220 元
5. 《唐詩選》給現代人的啟示　陳羲主編　220 元
6. 《菜根譚》給現代人的啟示　陳羲主編　220 元
7. 《百戰奇略》給現代人的啟示　陳羲主編　250 元

・秘傳占卜系列・大展編號 14

1. 手相術　淺野八郎著　180 元
2. 人相術　淺野八郎著　180 元
3. 西洋占星術　淺野八郎著　180 元
4. 中國神奇占卜　淺野八郎著　150 元
5. 夢判斷　淺野八郎著　150 元
7. 法國式血型學　淺野八郎著　150 元
8. 靈感、符咒學　淺野八郎著　150 元
10. ESP 超能力占卜　淺野八郎著　150 元
11. 猶太數的秘術　淺野八郎著　150 元
13. 塔羅牌預言秘法　淺野八郎著　200 元

・趣味心理講座・大展編號 15

1. 性格測驗（1）探索男與女　淺野八郎著　140 元
2. 性格測驗（2）透視人心奧秘　淺野八郎著　140 元
3. 性格測驗（3）發現陌生的自己　淺野八郎著　140 元
4. 性格測驗（4）發現你的真面目　淺野八郎著　140 元

國家圖書館出版品預行編目資料

讀書記憶秘訣／多湖輝著；沈清課譯
－初版－臺北市，大展，民84
面；21公分－初版（校園系列；4）
ISBN 957-557-509-1（平裝）
1. 記憶
176.3 84002659

原書名：合格記憶術
原出版社：株式会社ごま書房（Japan）
原著作者：©Akira Tago 1993
版權代理：宏儒企業有限公司

讀書記憶秘訣 ISBN 957-557-509-1

原著者／多　湖　輝
編譯者／沈　清　課
發行人／蔡　森　明
出版者／大展出版社有限公司
社　址／台北市北投區（石牌）致遠一路2段12巷1號
電　話／(02) 28236031・28236033・28233123
傳　真／(02) 28272069
郵政劃撥／01669551
網　址／www.dah-jaan.com.tw
E-mail／service@dah-jaan.com.tw
登記證／局版臺業字第2171號
承印者／國順文具印刷行
裝　訂／建鑫印刷裝訂有限公司
排版者／千兵企業有限公司
初版1刷／1995年（民84年）4月
初版6刷／2006年（民95年）7月 定價／180元